LIEBE AUF DEN ERSTEN STICH

LIEBE AUF DEN ERSTEN STICH

KLEIDER, SHIRTS,
JUMPSUITS & MEHR

QUICK UND EASY NÄHEN
AN EINEM NACHMITTAG

TILLY
WALNES

EMF

EIN BUCH DER
EDITION MICHAEL FISCHER

INHALT

× × ×

Einleitung

„Ich würde gerne nähen, aber ich habe keine Zeit!“

Oft ertappe ich mich bei der gleichen Ausrede. Jetzt, wo mich nicht nur mein Unternehmen, sondern auch ein energiegeladenes Krabbelkind auf Trab hält, sind Sonntage, an denen ich von morgens bis abends an der Nähmaschine saß, nur noch eine ferne Erinnerung. Mein Sohn wacht um fünf Uhr morgens auf, und im Job gibt es unendlich viel zu erledigen. Wenn ich mir Zeit für mich selbst nehme, muss schon ein Wunder geschehen, damit ich die Energie aufbringe, Netflix oder gar meine Nähmaschine einzuschalten.

Doch genau dann, wenn unser Alltag vollgestopft ist mit Aufgaben und Terminen, brauchen wir die Kreativität am meisten. Wenn um uns herum alles auf Hochtouren läuft und immer größere Teile unseres Lebens sich online abspielen, ist es erholsam, das Tempo zu drosseln und das Herumwerkeln an einem Gegenstand zu genießen. In zahllosen Studien wurde festgestellt, dass es Stress abbaut und glücklicher macht, etwas mit den eigenen Händen herzustellen. Wann immer ich mich dazu aufraffe, mich an meinen Nähtisch zu setzen – und sei es nur für 15 Minuten, ehe ich ins Bett falle –, fühle ich mich hinterher viel besser, weil ich mich auf etwas Sinnvolles konzentriert habe, was mich erfüllt.

Ich möchte Ihnen das Kreativsein schmackhaft machen – selbst wenn Sie glauben, dass Sie keine Zeit haben. Anfängerinnen finden hier viele Schnittmuster für einfache, hübsche Kleidungsstücke, mit denen Sie beginnen können. Für erfahrenere Hobbyschneiderinnen sind diese Projekte perfekte Lückenbüßer für die Zeit zwischen anspruchsvolleren Projekten. Außerdem verrät Ihnen dieses Buch, wie Sie Prozesse beschleunigen können und trotzdem ein schickes Endergebnis erhalten.

Nähen muss nicht kompliziert sein. Alle Projekte in diesem Buch lassen sich innerhalb von wenigen Stunden fertigstellen, ob an einem kinderfreien Nachmittag oder während ein paar kürzeren Nähsessions am Abend.

Bei allen Projekten in diesem Buch sind folgende Punkte gegeben:

- Stoffe und Zubehör leicht zu beschaffen
- nur wenige Kurzwaren benötigt
- einfach zu konstruierende Kleidungsstücke und nur wenige Nähte und Details
- keine Reißverschlüsse, Knopflöcher oder Kräuselnähte
- in wenigen Stunden fertig genäht

Hören wir also auf, Ausreden zu erfinden, und fangen wir an, kreativ zu werden.

Tilly xx

ZEIGEN SIE UNS IHRE PROJEKTE!

@TillyButtons #MakeItSimpleBook

So benutzen Sie dieses Buch

Wenn Sie eine Nähmaschine bedienen können, halten Sie das richtige Buch in den Händen. Im ersten Kapitel geht es um die Stoffwahl, den Zuschnitt, das Anpassen, Nähen und Versäubern von Nähten. Es enthält viele Tipps und Tricks, wie Dinge sich vereinfachen und beschleunigen lassen. Dabei geht es nicht darum, immer schneller, immer mehr zu produzieren, sondern um ein möglichst effizientes Zeitmanagement – damit Sie es sich leisten können, sich auch dann an die Nähmaschine zu setzen, wenn Sie im Alltag sehr beschäftigt sind.

Die Projekte gliedern sich nach aufsteigendem Schwierigkeitsgrad von „ganz einfach“ bis „etwas schwieriger, aber immer noch ziemlich einfach“. Beginnen Sie einfach mit einem Projekt, das Sie anspricht. Länger als ein paar Stunden werden Sie für keines der Kleidungsstücke brauchen.

Wenn Sie mehr Zeit haben und Ihre Projekte etwas aufpeppen wollen, werfen Sie einen Blick auf die Varianten. Hier finden Sie clevere Ideen zur Abwandlung der Grundschnitte. So können Sie das Maximum aus den Schnittmustern herausholen, Ihren Kreationen noch mehr Pepp verleihen und sich im Laufe der Zeit eine schöne, selbst geschneiderte Garderobe zusammenstellen.

Die Anleitungen sind in überschaubare, „mundgerechte“ Häppchen gegliedert, damit Sie, selbst wenn Sie nur wenig Zeit haben, bei jeder Nähsession zumindest Teile Ihres neuen Kleidungsstücks fertigbekommen.

Am Anfang jedes Projekts ist der ungefähre Zeitbedarf für das Gesamtprojekt und für die einzelnen Arbeitsschritte angegeben. „Ungefähr“ ist hier das entscheidende Wort – denn ich möchte auf keinen Fall, dass Sie sich Zeitdruck machen oder sich entmutigt fühlen, wenn Sie ein bisschen länger brauchen. Vielmehr hoffe ich, dass eine ungefähre Zeitangabe für jeden Arbeitsschritt Sie ermutigen wird, der Kreativität in Ihrem Leben mehr Raum zu geben, weil Sie wissen, dass Sie es hinbekommen, vor dem Frühstück noch schnell die Einlage auf die Belege zu bügeln oder, während das Badewasser einläuft, ein paar Nähte zu steppen.

Auf Seite 37 erfahren Sie, wie Sie sich mithilfe einer klugen Bündelung von Aufgaben viel Hin und Her zwischen Zuschneidetisch, Näh- oder Overlookmaschine und Bügelbrett sparen können. Versierte Hobbyschneiderinnen, die keine ausführliche Anleitung brauchen oder einen Schnitt schon einmal verwendet haben und nur eine kurze Erinnerungsstütze benötigen, können gleich zu der Kurzanleitung „Kurz und knapp“ am Ende des jeweiligen Projekts springen. Die Kästchen zum Ankreuzen erleichtern es, den Überblick zu behalten, wenn Sie die Arbeit unterbrechen müssen und erst später wiederaufnehmen können. Und wenn Sie ähnlich gestrickt sind wie ich, wird es Ihnen beschämend viel Freude bereiten, jeden einzelnen Schritt abzuhaken.

Das Buch enthält jede Menge Tipps, wie man beim Nähen Zeit sparen kann. Manche Puristin wird bei dem Vorschlag, die Nahtzugaben eines T-Shirts mit den Fingern flachzudrücken statt zu bügeln, vermutlich anfangen zu hyperventilieren, doch wenn es mehr Menschen dazu bringt, sich ganz entspannt ihrem kreativen Hobby hinzugeben, sehe ich keinen Anlass, mich dafür zu entschuldigen. Tatsächlich sind viele dieser „Abkürzungen" der Modeindustrie abgeschaut. Was für die Profis gut genug ist, braucht Hobbyschneiderinnen nicht die Schamesröte ins Gesicht zu treiben.

Manchmal empfiehlt es sich, ein wenig Tempo rauszunehmen und sich besonders Mühe zu geben. „Nehmen Sie sich Zeit" lautet dann der Hinweis im Text. Das unüberlegte Zurückschneiden von Ecken bringt nämlich nichts, wenn Halsabschluss oder Saum hinterher hingepfuscht aussehen. Auch mit einfachen Schnitten, die sich schnell umsetzen lassen, können beeindruckende Ergebnisse erzielt werden.

VORBEREITEN DER SCHNITTMUSTER

Schnittmuster müssen vor dem Zuschnitt des Stoffs vom Schnittmusterbogen auf anderes Papier übertragen werden.

Übertragen Sie das Schnittmuster von den beigefügten Schnittmusterbogen in der passenden Größe auf große Papierbogen, und schneiden Sie die Einzelteile aus.

ASSORTED
UNIVERSAL
Klasse
125 YEARS
Needle Excellence
FIBER-GLASS
CHINA

SO EINFACH WIE MÖGLICH

Bevor wir beginnen, lassen Sie uns ein paar grundlegende Fragen klären – bei Bedarf werfen Sie immer mal wieder einen Blick auf die nächsten Seiten. Sie finden dort eine Liste mit wichtigen Nähutensilien, Ratschläge zur Auswahl geeigneter Stoffe, ein paar Tipps für unkomplizierte Anproben und eine Anleitung zum Zuschneiden von Stoff.

Es folgt ein Register mit Fachbegriffen, die in diesem Buch immer wieder auftauchen. Außerdem verrate ich Ihnen, wie Sie beim Nähen Zeit sparen und mehr Effizienz erreichen können. Dazu gehört auch die Nutzung von Schnellwahlschaltern an Ihrer Nähmaschine, von deren Existenz Sie bisher vielleicht gar nichts wussten.

Ich hoffe, Sie finden hier ein paar wertvolle Hinweise.

ZEIGEN SIE UNS IHRE PROJEKTE!

@TillyButtons #MakeItSimpleBook

Sie brauchen …

Machen wir es uns so einfach wie möglich. Lassen Sie sich nicht vom Nähen abhalten, weil Sie glauben, Sie bräuchten dazu Unmengen teuren, modischen Zubehörs. Das brauchen Sie nicht. Stoffe und Kurzwaren, die für die einzelnen Schnitte benötigt werden, finden Sie immer am Anfang des jeweiligen Projekts. Was Sie sonst noch brauchen? Das hier:

Nähmaschine – Die beste Nähmaschine ist die, die Sie haben. Solange sie funktioniert und einen Geradstich und einen verstellbaren Zickzackstich hat, ist alles bestens. Sie haben keine Nähmaschine? Fragen Sie im Bekanntenkreis nach – überraschend oft stehen Nähmaschinen ungenutzt in einem Schrank oder unter der Treppe herum. Oder kaufen Sie eine. Sie werden es nicht bereuen. Verspochen!

Nähmaschinennadeln – Kaufen Sie eine Packung Universalnadeln und eine Packung Ballpoint-Nadeln in mehreren Stärken. Die Stärken sind oben oder unten auf der Packung mit Nummern angegeben. Für die Projekte aus diesem Buch sind Nadeln der Stärke 70 bis 90 ausreichend. Universalnadeln eignen sich zum Nähen von Webstoffen und einigen Strickstoffen; Ballpoint-Nadeln sind für die meisten Strickstoffe die beste Wahl. Die Nadeln mit den niedrigeren Nummern sind fein genug für dünne Stoffe wie z. B. Viskose (oder Rayon), die Nadeln mit den höheren Nummern werden auch mit schwereren Stoffen wie z. B. Denim fertig.

Schere – Am besten eine lange, scharfe Schneiderschere und als Ergänzung eine kleine Schere oder Stickschere zum Abschneiden von Fäden. Doch die Nähpolizei wird nicht an Ihre Tür klopfen, wenn Sie für beides einfach Ihre Küchenschere verwenden. Hauptsache, sie ist scharf genug, um Stoff zu schneiden.

Rollschneider – Nicht unbedingt notwendig, aber praktisch. Der Zuschnitt geht schneller und wird vor allem präziser, insbesondere bei dehnbarem oder rutschigem Stoff. Der Stoff liegt beim Zuschneiden flach auf dem Tisch – anders als bei der Verwendung einer Schere.

Schneidematte – Damit Sie die Tischplatte nicht verkratzen.

Stecknadeln – Es gibt sie in allen möglichen Ausführungen und Größen für die unterschiedlichsten Stoffe. Kaufen Sie einfach irgendwelche Nadeln. Sie werden ihren Zweck erfüllen. Wenn Sie auch nur halb so ungeschickt sind wie ich, empfiehlt sich zusätzlich ein Nadelmagnet, damit Sie heruntergefallene Nadeln nicht einzeln aufsammeln müssen.

Maßband – Sie brauchen ein flexibles Maßband, um bei sich selbst Maß zu nehmen. Vielleicht haben Sie schon eins in der Schublade, die Sie seit fünf Jahren aufräumen wollen.

Nahttrenner – Wenn Sie den haben, wird Ihnen beim Nähen nichts mehr Angst einjagen. Nähen Sie einfach drauflos – Sie wissen ja, dass Sie misslungene Nähte immer wieder auftrennen können.

Markierhilfen – Markierungen für Abnäher oder Druckknöpfe können Sie mit einem Kreidestift, einem auswaschbaren Markierstift, Schneiderkreide oder einem stumpfen Kopierrad und Durchschlagpapier anbringen. Sogar einen scharfkantigen Keil ölfreier Seife können Sie benutzen. Egal, wofür Sie sich entscheiden – keines dieser Werkzeuge kostet die Welt. Probieren Sie die Markierhilfe zuerst auf einem Rest des gewählten Stoffs aus, damit Sie sicher sein können, dass die Farbe wieder abgeht bzw. nicht auf die rechte Seite durchscheint.

Dampfbügeleisen und Bügelbrett – Wahrscheinlich haben Sie beides bereits. Es ist erstaunlich, wie viele unsaubere Nähte sich im wahrsten Sinne des Wortes ausbügeln lassen und sich wie von Zauberhand in professionell wirkende kleine Kunstwerke verwandeln.

Große Bogen Papier oder Papierrolle, Bleistift und Lineal – Zum Übertragen der Schnittmusterteile von den Schnittmusterbogen in der hinteren Umschlagtasche (Sie können die Schnittmuster auch unter tillyandthebuttons.com/makeitsimple herunterladen und ausdrucken), zum Ändern von Schnittmustern (siehe Seite 18–25) und zum Aufzeichnen einiger Varianten.

UND ZUM SCHLUSS ...

Wenn Sie Webstoffe verarbeiten, benötigen Sie zum Versäubern der Nahtzugaben (damit sie nicht ausfransen) eines der folgenden Zubehörteile:

1 **Overlockmaschine** – Diese Maschine erzeugt bei Webstoffen professionell wirkende Nahtabschlüsse; bei Strickstoffen schneidet sie beim Nähen zugleich die Nahtzugaben zurück und versäubert sie. Wenn Sie noch nie genäht haben, würde ich Ihnen davon abraten, sich gleich eine Overlockmaschine zu kaufen. Doch wenn Sie eine passionierte Hobbyschneiderin sind und noch eine Schippe drauflegen wollen, lohnt sich die Investition.

ODER

2 **Overlockfuß** – Wenn Sie keine Overlockmaschine haben, können Sie Nahtzugaben an Ihrer normalen Nähmaschine mit Zickzackstichen versäubern. Ein Overlockfuß ist nicht unbedingt erforderlich, erleichtert die Sache aber insofern, als er dafür sorgt, dass die Zickzacknaht gleichmäßig an der Außenkante des Stoffs entlangläuft (siehe Seite 39).

ODER

3 **Zackenschere** – Eine noch simplere Methode, um das Ausfransen von Webstoffen zu verhindern.

Die Auswahl des Stoffs

Eine der einfachsten Möglichkeiten, sich beim Nähen nicht zu stressen, ist die Wahl eines Stoffs, der sich leicht verarbeiten lässt. Die meisten Anfängerinnen beginnen mit mittelschwerem Baumwollstoff, doch es gibt noch viel, viel mehr Kleiderstoffe, die relativ einfach zu vernähen sind. Unten habe ich einige meiner Lieblingsstoffe aufgelistet, die sich für die unterschiedlichen Projekte dieses Buchs gut eignen. Für jeden Grundschnitt gibt es außerdem Stoffempfehlungen – Sie müssen sich nicht daran halten, sollten aber für das jeweilige Projekt einen Stoff mit vergleichbaren Eigenschaften wählen.

Chambray/Batist
Dieser leichte Baumwollstoff ist überall erhältlich und lässt sich einfach verarbeiten. Die Kettfäden sind farbig, die Schussfäden weiß. Dies verleiht dem Stoff sein charakteristisches Aussehen. Gut geeignet für den Jumpsuit Safiya (und Varianten) und das Kleid Suki (siehe Seite 40 und 100).

Baumwoll-Canvas
Leichter Baumwoll-Canvas wird häufig für die Herstellung von Heimtextilien und Accessoires verwendet, eignet sich aber auch prima für Kleidungsstücke mit Stand, wie z.B. das Trägerkleid Olive (siehe Seite 174). Dieser feste, strapazierfähige Webstoff behält beim Nähen seine Form und ist in vielen Farben und attraktiven Designs erhältlich.

Cord
Cord ist in der Verarbeitung nicht ganz unproblematisch. Problem Nummer eins: Er ist aufgeraut, sprich: er hat einen Strich. Die Schnittteile eines Projekts müssen deshalb immer so zugeschnitten werden, dass der Strich in dieselbe Richtung zeigt – sonst wirkt das Kleidungsstück später irgendwie „verkehrt". Problem Nummer zwei: Wenn der Flor mit dem heißen Bügeleisen in Berührung kommt, ist er schnell versengt oder fängt an zu glänzen. Zum Bügeln sollten Sie deshalb immer einen Cordrest als Bügeltuch verwenden und mit der aufgerauten Seite nach unten auflegen. Ich habe Cord trotzdem in diese Liste aufgenommen, weil er hübsch, haltbar, einfach zuzuschneiden und zu verarbeiten ist. Außerdem können Sie sich beim Zuschneiden, Nähen und beim Einbügeln von Längsfalten (wie beim Beleg und den Taschen des Trägerkleids Olive; siehe Seite 174) am Rippenverlauf orientieren. Für Nähte, die quer über die Rippen verlaufen, stellen Sie an Ihrer Nähmaschine eine etwas größere Stichlänge ein (etwa 3mm).

Denim
Dieser klassische, strapazierfähige Stoff ist in zahlreichen Farben, Drucken und Grammaturen erhältlich. Für das Trägerkleid Olive (siehe Seite 174) eignet sich ein mittelschwer Denim, der ihm Struktur, aber nicht zu viel Gewicht verleiht. Denim mit einem Elastananteil schmiegt sich besser an den Körper und ist komfortabler zu tragen. Zum Nähen benötigen Sie eine etwas stärkere Nadel. Abgesehen davon ist Denim kinderleicht zu verarbeiten.

Double Gauze/Musselin
Musselin ist weich, atmungsaktiv und superbequem. Der Stoff besteht aus zwei Lagen sehr feinem Baumwollgewebe, ist also leicht, aber nicht dünn, luftdurchlässig, aber behaglich und hat einen sehr weichen Griff. Außerdem lässt er sich sehr einfach verarbeiten. Verwenden Sie beim Zuschneiden dünne Stecknadeln oder Stoffgewichte (oder stecken Sie die Nadeln in die Nahtzugabe), und achten Sie darauf, dass Ihre Nähmaschinennadel wirklich

Lyocell (Tencel)

Lyocell ist ein relativ neues Material, das auf umweltfreundliche Weise aus Zellulose bzw. aus Holzschliff hergestellt wird. Das Holz stammt aus nachhaltigen Quellen. Der Stoff ist biologisch abbaubar, sieht gut aus und fühlt sich gut an. Lyocell ist griffig und manchmal etwas rutschig, in meinen Augen aber einen Nähversuch wert. Wie wäre es mit den Hosen Safiya (und Varianten) oder dem Kleid Suki (siehe Seite 40 und 100)?

Viskose (Rayon)

Dieser leichte Stoff – übrigens einer meiner Lieblingsstoffe – hat einen schönen Fall, ist aber längst nicht so rutschig wie z. B. Krepp oder Habutai (Japanseide). Eine wunderbare Option für die Hose Safiya und das Kleid Suki (siehe Seite 40 und 100).

spitz ist, damit der Stoff unter der Maschine keine Fäden zieht. Der Playsuit Safiya oder das Kleid Suki (siehe Seite 62 und 100) wirken aus Musselin wirklich zauberhaft.

Single-Jersey aus Baumwolle

Während manche Strickstoffe sich beim Nähen als Alptraum entpuppen, sind andere ganz einfach zu verarbeiten. Wenn Sie das T-Shirt Tabitha oder den Pyjama Juno (siehe Seite 74 und 146) entspannt nähen wollen, wählen Sie einen Single-Jersey aus Baumwolle, der nicht zu sehr aufträgt und seine Passform behält – mit anderen Worten: nach dem Dehnen immer wieder in seine ursprüngliche Form zurückkehrt. Die Schnittkanten von Single-Jersey rollen sich normalerweise auf. Drücken Sie sie mit den Fingern oder der Schere flach, wenn Sie das Schnittmuster auflegen oder Nähte stecken oder schließen.

Leinen

Dieser Stoff aus Naturfasern erlebt gerade eine Renaissance, denn er ist einfach zu verarbeiten und von zeitloser, lässiger Eleganz. Ja, er knittert wie verrückt – akzeptieren Sie es, das ist ein Teil seines Charmes. Die Hose Safiya und das Kleid Suki (siehe Seite 40 und 100) wirken aus Leinen besonders schick.

TIPP:
EIN WORT ZU DRUCKSTOFFEN

Wenn Sie, wie ich, gerne Streifen tragen und Wert darauf legen, dass diese sich an den Nähten auch treffen, wählen Sie einen Stoff mit breiten Streifen, um beim Zuschneiden, Zusammenstecken und Nähen Zeit zu sparen. Oder nehmen Sie es einfach, wie's kommt – Ich sag's auch nicht weiter.

Hat es Ihnen ein Stoff mit großformatigen Druckmotiven angetan? Wenn Sie wenig Zeit haben, zerbrechen Sie sich nicht den Kopf, ob die Motive an den Nähten schön zusammenpassen. Allerdings sollten Sie sich vor dem Zuschneiden vergewissern, dass beispielsweise eine Wassermelone nicht auf Ihrer Brust oder das Blatt eines Paisley-Musters in Ihrem Schritt landet. Sie werden es mir danken.

Super easy: Bei kleinen, verspielten Mustern können Sie die Musterpassung vernachlässigen, und darüber hinaus kaschiert es auch noch krumme Nähte.

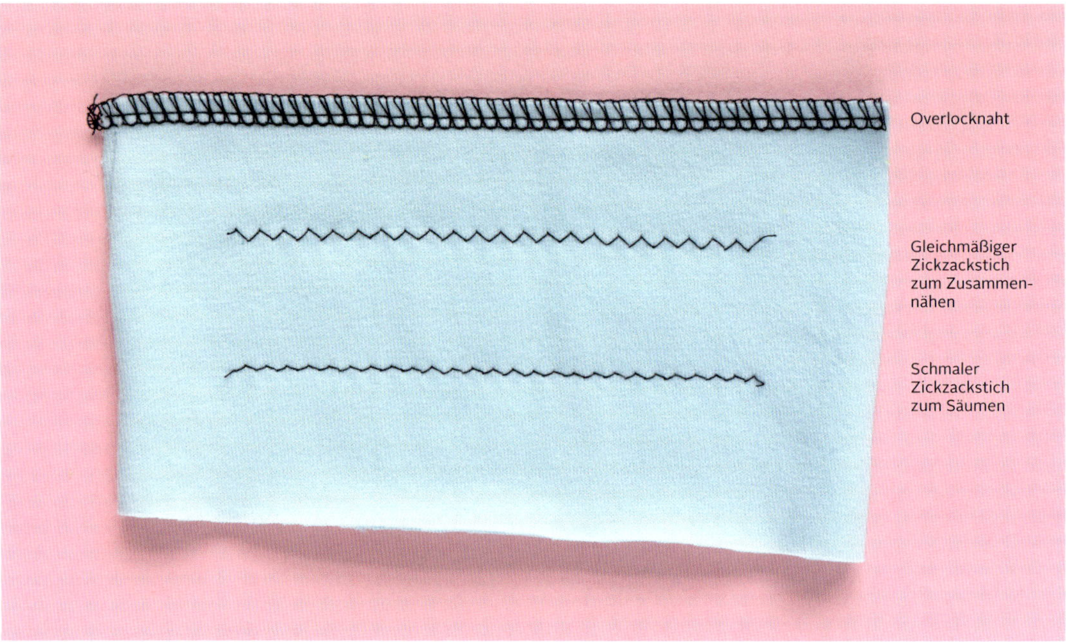

NEHMEN SIE SICH ZEIT: NÄHEN MIT STRICKSTOFFEN

Strickstoffe wie Jersey, Punto di Roma oder Sweatstoff verhalten sich anders als Webstoffe, weil sie aus Maschen bestehen und dehnbar sind. Obwohl man sich an die Arbeit mit Strickstoffen gewöhnen muss, lassen sie sich – hat man den Umgang mit ihnen erst einmal erlernt – meist schneller verarbeiten als Webstoffe: Die Kleidungsstücke sind leicht in Passform zu bringen, haben in der Regel kaum Nähte und keine Verschlüsse, und die Nahtzugaben müssen nicht versäubert werden.

Tipps zum Umgang mit Strickstoffen:

- Achten Sie bei der Auswahl des Stoffs darauf, dass er sich in beide Richtungen so stark dehnen lässt, wie in der Nähanleitung angegeben. Sie wollen Ihr fertiges Kleidungsstück später ja auch anbekommen.
- Ein Rollschneider ist für den Zuschnitt von Strickstoffen ideal, denn der Stoff liegt beim Zuschneiden flach auf dem Tisch und kann sich nicht verziehen.
- Verwenden Sie zum Nähen eine Ballpoint-Nadel, also eine Nadel mit gerundeter Spitze. Sie verhindert, dass beim Steppen Fäden aus dem Stoff gezogen werden.
- Wenn Sie eine Overlockmaschine haben, können Sie die Nähte in einem Arbeitsschritt nähen, zurückschneiden und versäubern.
- Wenn Sie keine Overlockmaschine haben, schließen Sie die Nähte mit einem schmalen Zickzackstich – 2,2–2,5 mm lang und 1–1,5 mm breit oder bei dickeren Stoffen etwas länger und breiter. Die Zickzacknaht verhindert das Reißen der Naht, wenn das Kleidungsstück gedehnt wird. Verfügt Ihre Nähmaschine über einen Stretch- oder Blitzstich, probieren Sie aus, ob es damit funktioniert. Naht- und Saumzugaben müssen nicht versäubert werden, da Strickstoffe nicht ausfransen.

- Achten Sie darauf, den Stoff beim Nähen nicht zu dehnen (Ausnahme: Ärmel- und Halsbündchen – sie müssen beim Festnähen gedehnt werden). Lassen Sie sich Zeit, und sorgen Sie dafür, dass die Nadel im Stoff steckt, wenn Sie die Maschine anhalten, um z.B. den Stoff unter der Nadel zu drehen.

- Wird eine Stofflage schneller durch die Maschine transportiert als die andere, führt das zu gekräuselten Nähten und gewellten Säumen. Um dies zu vermeiden, verringern Sie den Druck auf das Fußpedal Ihrer Maschine. Unter Umständen empfiehlt sich die Anschaffung eines Obertransport- oder Dual-Feed-Fußes, die beide Stofflagen gleichzeitig fassen und gleichmäßig transportieren.

- Zum Absteppen von z.B. Säumen und aufgesetzten Taschen benötigen Sie eine herkömmliche Nähmaschine. Sie können eine Zwillingsnadel verwenden, doch meiner Erfahrung nach ist es am einfachsten, die Säume bzw. Kanten mit einer gleichmäßigen Zickzacknaht (etwa 2,5 x 2,5mm oder 3 x 3mm bei dickeren Stoffen) abzusteppen.

WAS SIE NICHT KAUFEN SOLLTEN, WENN SIE SICH DAS LEBEN ERLEICHTERN WOLLEN

- Alles, was Ihnen durch die Hände flutscht, etwa leichte Seide oder Polyester. Solche Stoffe akkurat zuzuschneiden ist schwierig, und beim Nähen rutschen sie Ihnen unter der Nähmaschinennadel weg.

- Jersey oder andere Strickstoffe, die schnell ausleiern, also nicht wieder in ihre ursprüngliche Form zurückspringen, wenn sie gedehnt wurden. Oft wellt sich der Stoff an den Nähten, und wenn die Kleidungsstücke ein paarmal getragen sind, sitzen sie nicht mehr.

- Stoffe mit schmalen Streifen oder anderen Mustern, die mit viel Geduld so zugeschnitten werden müssen, dass die Muster an den Nähten sauber zusammenpassen – es sei denn, das ist Ihnen nicht wichtig.

- Stoffe, die nicht waschbar sind, sondern gereinigt werden müssen.

NEHMEN SIE SICH ZEIT: NÄHEN SIE EIN PROBESTÜCK

Unterschiedliche Stoffe erfordern unterschiedliche Sticheinstellungen. Bevor Sie mit einem neuen Stoff zu nähen beginnen, sollten Sie deshalb zur Probe zwei kleine Reststücke aufeinandersteppen, um die Stiche zu überprüfen. Ja, das ist zusätzliche Arbeit, aber es dauert nur wenige Sekunden und kann sich auszahlen, denn Nähte wieder aufzutrennen oder gar noch einmal ganz von vorne anzufangen, dauert viel länger.

Wenn die Stiche „aus der Reihe tanzen" oder der Stoff sich beim Nähen kräuselt, setzen Sie eine neue Nadel in die Maschine ein (eine feine für leichte, eine stärkere für schwerere und eine Ballpoint-Nadel für Strickstoffe), stellen Sie die Stichlänge neu ein (standardmäßig auf 2,4–2,5mm, auf 3mm für schwerere und 2mm für leichtere Stoffe), und/oder justieren Sie die Fadenspannung, bis Sie mit dem Stichbild zufrieden sind.

Maß nehmen und Schnittmuster anpassen

Vorab die gute Nachricht: Alle Schnitte aus diesem Buch sind relativ leicht in die richtige Passform zu bringen. Hurra!

Hierzu möchte ich Ihnen zwei Dinge ans Herz legen. Erstens: Bedenken Sie, dass jeder Mensch einen individuellen Körperbau hat. Es ist also völlig normal, wenn Sie ein Schnittmuster an Ihre Figur anpassen müssen. Das Schöne am Schneidern ist ja, dass Sie die Möglichkeit haben, genau das zu tun.

Zweitens: Passen Sie das Schnittmuster an, falls nötig, aber stressen Sie sich nicht, indem Sie es zu genau nehmen. Wenn Sie sich in die Aufgabe hineinsteigern, sind Sie schon mit den Nerven am Ende, noch ehe Sie mit dem Zuschnitt des Stoffs begonnen haben. Wenn Sie Ihre selbst gesteppten Nähte zu lange mit Argusaugen mustern, werden Sie Fältchen entdecken, die Sie bei einem Kleidungsstück aus dem Laden übersehen hätten, und außer Ihnen wird sie wahrscheinlich ohnehin niemand bemerken – die Leute werden viel zu beschäftigt damit sein, Sie mit Komplimenten für Ihr selbst genähtes Kleid zu überschütten.

Machen Sie es sich also so einfach wie möglich. Nehmen Sie Maß, und verändern Sie die Schnitte nach Bedarf (siehe unten und rechts). Wenn Sie wissen, dass Sie ohnehin jedes Schnittmuster an Ihre Figur anpassen müssen, etwa das Oberteil kürzen oder die Schultern verbreitern, führen Sie die Änderungen durch, ehe Sie den Stoff zuschneiden (siehe Seite 20). Wenn Sie unsicher sind, ob ein Schnitt Ihnen passt oder nicht, nähen Sie eine „tragbare Testversion“ (siehe Seite 19). Je besser Sie Ihren Körper kennen, umso leichter wird es Ihnen fallen, die Passform Ihrer selbst genähten Kleidungsstücke zu optimieren. Am Ende werden Sie einen Kleiderschrank voll hübscher Kleidungsstücke besitzen, die Ihnen im wahrsten Sinn des Wortes auf Ihren schönen Leib geschneidert sind.

MASS NEHMEN

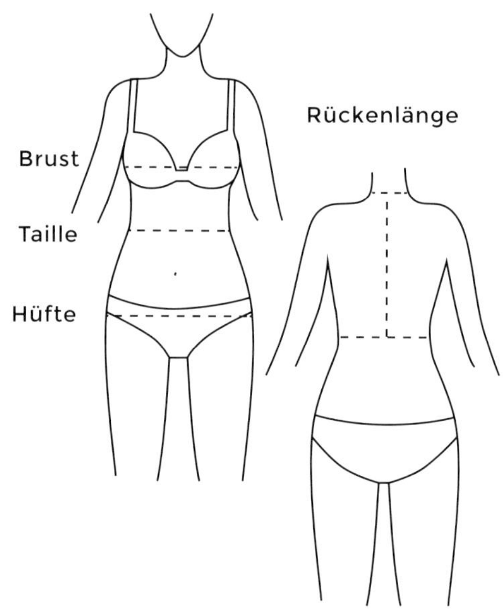

Nehmen Sie die folgenden Maße, und halten Sie das Maßband beim Messen immer parallel zum Boden. Beim Maßnehmen nicht einatmen!

Brustumfang – Messen Sie an der stärksten Stelle der Brust, also auf Höhe der Brustwarzen.
Taillenumfang – Legen Sie das Maßband an Ihrer natürlichen Körpermitte an, dort, wo Sie den Oberkörper zur Seite abknicken können.
Hüftumfang – Messen Sie die breiteste Stelle Ihres Beckens.
Rückenlänge – Messen Sie vom untersten Halswirbel (er steht ein wenig vor) bis zur Taille.

DIE RICHTIGE GRÖSSE WÄHLEN

Suchen Sie in der Größentabelle am Anfang des Grundschnitts die Maße, die Ihren am nächsten kommen. Liegt ein Messergebnis zwischen zwei Größen – misst Ihr Taillenumfang z.B. 78,5 cm statt 76 cm oder 81 cm –, entscheiden Sie sich für die größere Größe, denn enger machen können Sie später immer. Sollten Ihr Brust-, Taillen- und Hüftumfang um mehr als eine Größe variieren, können Sie die Größen kombinieren (siehe „Größen kombinieren", Seite 21). Um eine Vorstellung davon zu bekommen, wie groß ein Kleidungsstück ausfallen wird, werfen Sie einen Blick auf die Tabelle mit den Maßen des fertigen Kleidungsstücks. Die meisten Kleidungsstücke aus diesem Buch sitzen leger und bieten viel Bewegungsfreiheit. Die Bündchen des T-Shirts Tabitha und des Pyjamas Juno (siehe Seite 74 und 146) hingegen passen exakt oder sind sogar ziemlich eng – aus Jersey genäht sitzen sie später dann richtig.

PROBESTÜCK – JA ODER NEIN?

Wenn Sie ein Kleidungsstück aus einem besonderen Stoff anfertigen und sichergehen möchten, dass es später passt, sollten Sie eine Testversion aus preiswertem Stoff nähen.

Wählen Sie dazu einen Stoff, der genauso schwer und ggf. dehnbar ist und genauso fällt wie der „richtige" Stoff. Wenn Sie schon wissen, was Sie am Schnittmuster ändern müssen, führen Sie die Änderungen vor dem Zuschnitt des Stoffs aus (siehe „Schnittmuster verändern", Seite 20). Um Zeit zu sparen, heften Sie die Nähte mit langen Stichen (siehe Seite 34), und lassen Sie alle Belege oder Verschlüsse weg. Probieren Sie das Kleidungsstück an, markieren Sie Änderungen und übertragen Sie diese auf das Schnittmuster.
Sie sind unsicher, ob Sie einen Schnitt verändern müssen? Nähen Sie zunächst eine „tragbare Testversion". Nähen Sie sorgfältig

TIPP
Wenn Sie einen mittelschweren Webstoff verarbeiten möchten, der nicht zu füllig fällt, empfehle ich schwedisches Schnittmusterpapier zum Kopieren des Schnittmusters. Es besteht aus einem transparenten, stabilen Gewebe. Sie können das Schnittmuster direkt darauf übertragen und die Teile anschließend zu einem Probestück zusammennähen.

und verwenden Sie einen hübschen, preiswerten Stoff, der Ihnen gefällt, dem Sie aber auch keine Träne nachweinen würden, wenn das Kleidungsstück Ihnen nicht passt.

ZWISCHENDURCH ANPROBIEREN

Die Stoffwahl hat Einfluss auf die Passform eines Kleidungsstücks. Es lohnt sich deshalb, die Hauptnähte (z.B. die Seitennähte) vor dem Steppen zunächst zu stecken.

Stecken Sie die Nadeln so, dass sie die Nahtlinie imitieren, also 15 mm innerhalb der Stoffkante. Probieren Sie das Kleidungsstück an, und versetzen Sie die Nadeln nach Bedarf, bis es richtig sitzt. Beim Zusammensteppen der Teile orientieren Sie sich an den Stecknadeln.

Auch Abnäher sollten Sie zunächst stecken, damit Sie sie verbreitern, verschmälern oder versetzen können, bis das Oberteil richtig passt.

TIPP
Wenn möglich, stecken Sie Nähte so, dass die Nadelspitzen nach oben zeigen und die Nahtzugaben (oder Abnäher) rechts liegen. So können Sie die Nadeln beim Nähen schrittweise aus dem Stoff ziehen.

SCHNITTE ANPASSEN

Nehmen Sie die notwendigen Änderungen an einem Schnitt vor, ehe Sie den Stoff zuschneiden.

Verlängern und Kürzen

Die Schnitte in diesem Buch sind für eine Körpergröße von 1,65 bis 1,68 m entworfen. Wenn Sie signifikant kleiner oder größer sind oder einen besonders langen oder kurzen Oberkörper, sehr lange oder kurze Beine oder Arme haben, können Sie die Schnitte nach Bedarf vor dem Zuschnitt verlängern oder kürzen.

Schnittmuster verlängern

1 Schneiden Sie das Schnittmusterteil, das Sie verlängern möchten, an der mit „Hier verlängern oder kürzen" markierten Linie durch. Legen Sie die Teile auf ein Stück Papier, schieben Sie sie so weit wie nötig auseinander, und zeichnen Sie an den Kanten zwei parallele Linien ein. Wenn Sie den Schnitt z.B. um 5 cm verlängern möchten, muss der Abstand zwischen den Linien 5 cm betragen.

2 Kleben Sie die beiden Schnittmusterteile so auf das Papier, dass die Schnittkanten bündig zu den Linien liegen. Verbinden Sie die Außenkonturen, und gleichen Sie geschwungene Linien ggf. aus.

Wiederholen Sie dies bei allen Schnittmusterteilen, die seitlich oder innen an das verlängerte Teil anschließen. Wenn Sie also z.B. das Vorderteil des Trägerkleids Olive verlängert haben, müssen Sie auch das Rückenteil und die Belege verlängern.

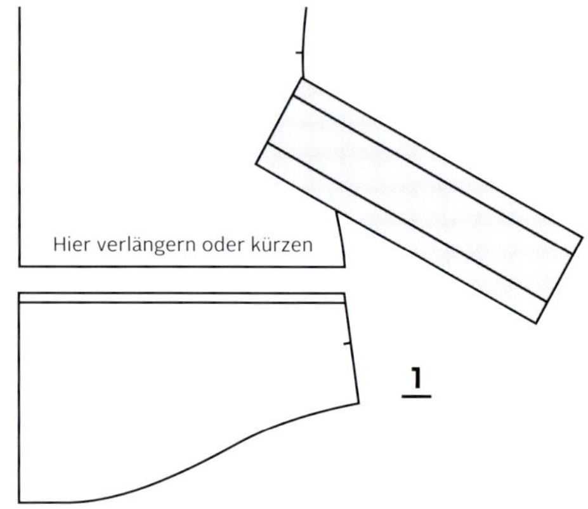

1

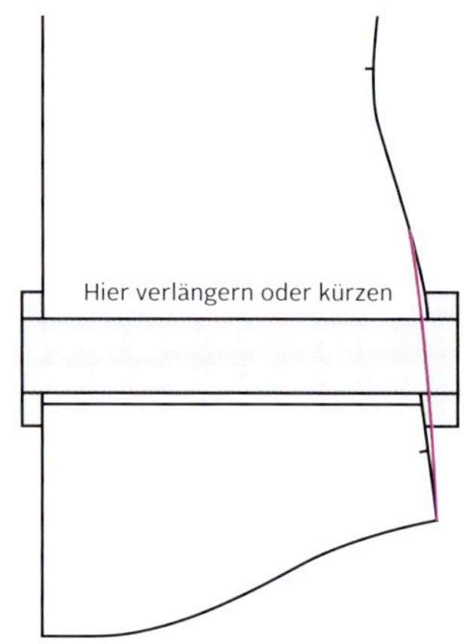

2

Schnittmuster kürzen

1 Schneiden Sie das Schnittmusterteil, das Sie kürzen möchten, an der mit „Hier verlängern oder kürzen" markierten Linie durch. Messen Sie am oberen Teil des Schnittmusters ab, um wie viel Sie es kürzen wollen. Ziehen Sie dort eine Linie parallel zur Schnittkante.

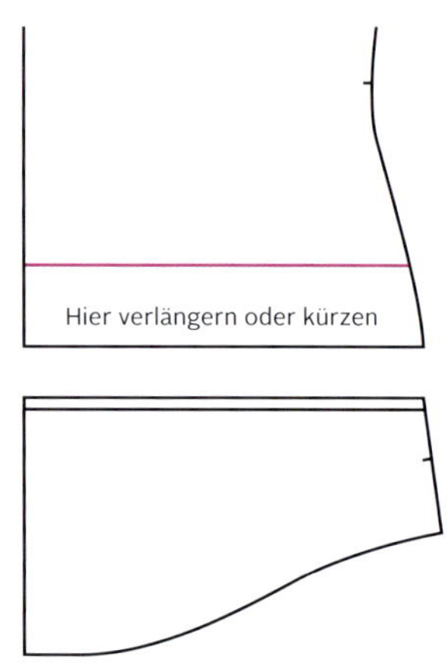

1

2 Kleben Sie die beiden Schnittmusterteile wieder zusammen, und zwar so, dass die Schnittkante des unteren Teils bündig zur neu eingezeichneten Unterkante des Oberteils liegt, beide Schnittmusterteile sich also überlappen. Achten Sie dabei darauf, dass alle geraden vertikalen Linien (z.B. die beiden Enden der Linie für den Fadenlauf) genau aufeinandertreffen, und gleichen Sie Versprünge an den Rändern aus.

Wiederholen Sie dies bei allen Schnittmusterteilen, die seitlich oder innen an das verlängerte Teil anschließen. Wenn Sie also z.B. das Vorderteil des Trägerkleids Olive gekürzt haben, müssen Sie auch das Rückenteil und die Belege kürzen.

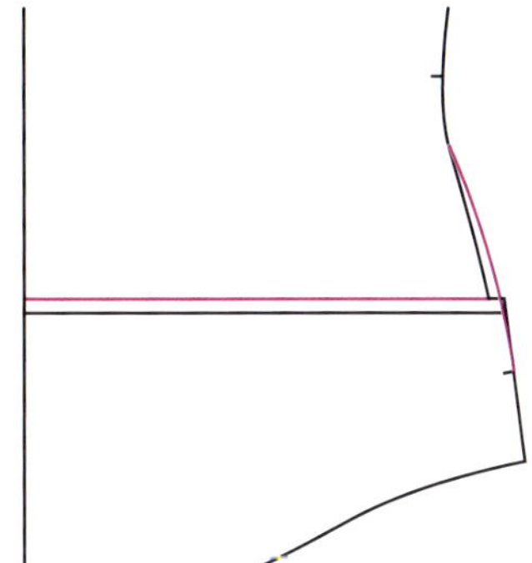

2

Größen kombinieren

Ergeben die Messwerte für Brust-, Taillen- und Hüftumfang unterschiedliche Größen, lässt sich das Schnittmuster durch Verbinden der entsprechenden Markierungen anpassen.

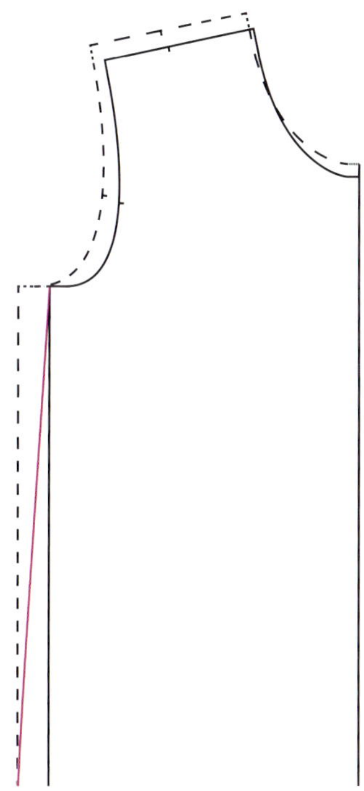

Wenn Ihr Brustumfang beispielsweise Größe 4 und Ihr Taillenumfang Größe 6 entspricht (siehe Seite 18), ziehen Sie zwischen der Brustmarkierung (oder dem oberen Ende der Seitenkante, wenn keine Markierung vorhanden ist) in Größe 4 und der Taillenmarkierung in Größe 6 eine Linie – falls erforderlich, in einem weichen Bogen. Wiederholen Sie dies bei allen Schnittmusterteilen, die seitlich oder innen an das Schnittmusterteil anschließen.

Schultern verschmälern oder verbreitern

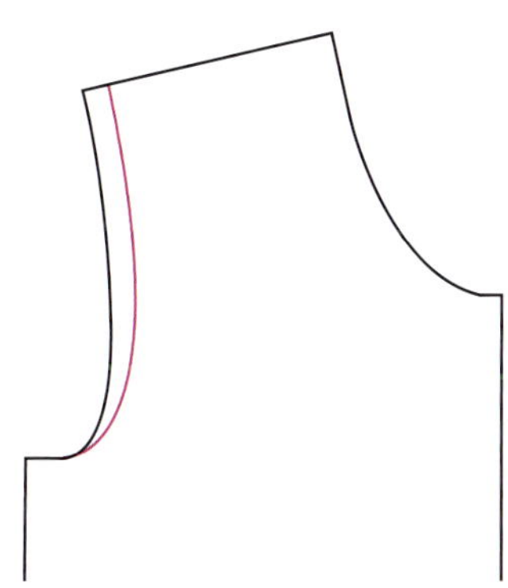

Die Schulterbreite beim T-Shirt Tabitha, dem Pyjama Juno und dem Trägerkleid Olive (siehe Seite 74, 146 und 174) lässt sich ganz einfach verändern. Kürzen oder verlängern Sie die Linie für die Schulternaht auf dem Vorderteil um das Maß, um das Sie die Schultern verschmälern oder verbreitern möchten, und zeichnen Sie den Armausschnitt neu ein (zu Beginn mit einem rechten Winkel). Wiederholen Sie dies beim Rückenteil und, falls Sie das Trägerkleid Olive nähen, bei den Belegen.

Oberweite anpassen

Wenn Sie einen eher großen Busen haben, müssen Sie die Oberteile einiger Schnitte möglicherweise anpassen. Ich sage „möglicherweise" und „einiger", denn es ist nicht immer notwendig. Das gilt vor allem für locker sitzende Kleidungsstücke und Oberteile aus dehnbaren Strickstoffen. Am besten nähen Sie zunächst eine „tragbare Testversion" (siehe Seite 19), um die Passform zu überprüfen, ehe Sie in den Stoff schnippeln. Wenn Sie Oberteile verändern möchten – hier ist die Anleitung.

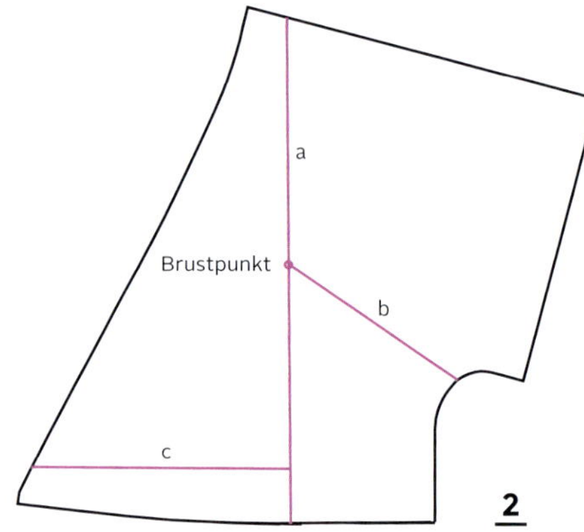

2

Los geht's

Messen Sie Ihren Oberbrustumfang (direkt unterhalb der Achselhöhlen) und geben Sie 5 cm zu. Schauen Sie in der Tabelle nach, welche Größe diesem Brustumfang entspricht – sie ist ab jetzt Ihre Richtgröße.
Messen Sie anschließend Ihren Brustumfang (an der stärksten Stelle, also auf Höhe der Brustwarzen), und vergleichen Sie das Messergebnis mit dem Eintrag für die soeben ausgewählte Schnittmustergröße. Ist Ihr Brustumfang 5 cm größer als in der Tabelle angegeben, addieren Sie 5 cm; ist er 7,5 cm größer, addieren Sie 7,5 cm usw.

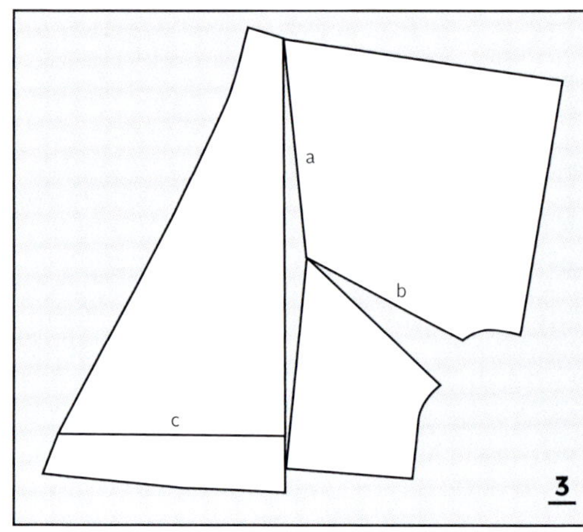

3

Oberteil ohne Abnäher (Playsuit Safiya, Seite 62, und Kleid Suki, Seite 100)

1 Kopieren Sie das Schnittmuster für das Vorderteil in der gewählten Größe (siehe „Los geht's", oben), und schneiden Sie es aus. Wenn Sie das Kleid Suki nähen möchten, kopieren Sie lediglich die obere Hälfte ab der Taillenmarkierung. Halten Sie sich das Schnittmusterteil so vor den Körper, dass die Linie für die vordere Mitte durch das Zentrum Ihres Oberkörpers verläuft und die Schultern 1,5 cm überstehen. Markieren Sie auf dem Schnittmuster die stärkste Stelle Ihrer Brust (Brustpunkt).

2 Ziehen Sie parallel zum Fadenlauf oder zur Markierung „Am Stoffbruch anlegen" (a) durch diesen Punkt eine durchgehende vertikale Linie; anschließend eine weitere Linie vom Brustpunkt zum Armausschnitt (b) und zum Schluss eine Linie (c), die im rechten Winkel zu der soeben eingezeichneten vertikalen Linie etwa 5 cm oberhalb der Taille zur vorderen Mitte verläuft.

3 Legen Sie das Schnittmusterteil auf ein Stück Papier. Schneiden Sie es an der vertikalen Linie (a) von oben 1,5 cm und von unten bis fast zu diesem Punkt ein, sodass es nicht auseinanderfällt – so bleiben Nahtzugabe und Schulterlänge erhalten. Entlang der zweiten Linie (b) vom Armausschnitt bis knapp vor den Brustpunkt schneiden – auch hier bleibt eine kleine Verbindung bestehen. Schneiden Sie auch entlang der dritten Linie (c). Ziehen Sie nun die beiden Seitenteile vorsichtig vom Mittelteil weg, ohne die Verbindungen an Schulter und Taille zu lösen, sodass an der

stärksten Stelle der Brust eine Lücke entsteht. Sie sollte halb so breit sein wie die Weite, die Sie vorher addiert haben (siehe „Los geht's", oben links). Mehr ist nicht nötig, weil das Schnittteil doppelt bzw. im Bruch zugeschnitten wird. Kleben Sie das Schnittmuster so auf das darunter liegende Papier.

4 Ziehen Sie vom unteren rechten Ende der Seitenkante eine horizontale Linie rechtwinklig zum Fadenlauf. Die untere Ecke des vorderen Schnittteils auf diesen Punkt schieben (beim Playsuit Safiya achten Sie auf eine gleichmäßige Lücke zwischen den dritten Schnittlinien, sodass nur die rechte Ecke auf die Unterkante trifft). Beim Playsuit Safiya die Linie für die Schulternaht, die Unterarmnaht und die vordere Kante ausgleichen. Dies ist Ihr neues Schnittmuster für das Vorderteil. Schneiden Sie es aus. Wenn Sie das Kleid Suki nähen, ergänzen Sie das untere Schnittmusterteil. Für den Playsuit Safiya pausen Sie das Schnittmusterteil für den vorderen Beleg von dem neuen Schnittmuster ab.

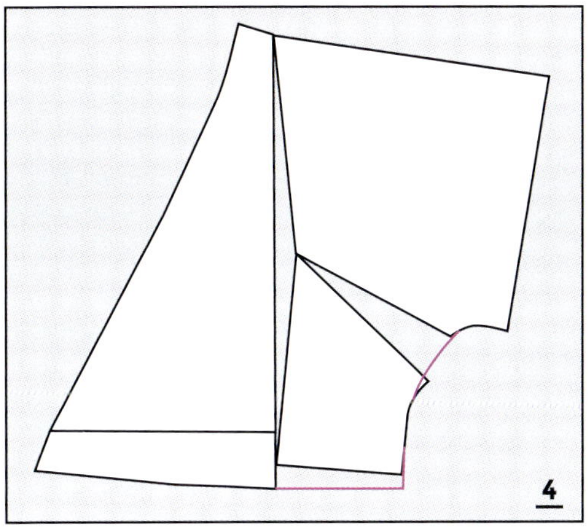

4

5

5 Da die seitliche Kante nun länger geworden ist, muss der Stoff beim Zusammennähen von Vorder- und Rücktenteil eingehalten werden. (Sie können auch einen Abnäher einnähen, doch er fällt mehr ins Auge und passt nicht so gut zum ursprünglichen Schnitt.) Steppen Sie dicht neben den Seitenkanten der Vorderteile mit langen Stichen (4–5 mm) zwei oder drei 10–15 cm lange Kräuselnähte vom Unterarmbogen nach unten. Die Nähte nicht verriegeln, und die Fadenenden an beiden Enden lang lassen. Vorderteile und Rückenteil bis zu den Kräuselnähten aufeinanderstecken. Vorsichtig an den Fadenenden ziehen, um den Stoff auf die passende Länge zu kräuseln. Die Kräuselung mit den Fingern gleichmäßig verteilen, die Naht zu Ende stecken und steppen. Die Kräuselfäden entfernen.

Jersey-T-Shirt (T-Shirt Tabitha, Seite 74, und Pyjama Juno, Seite 146)

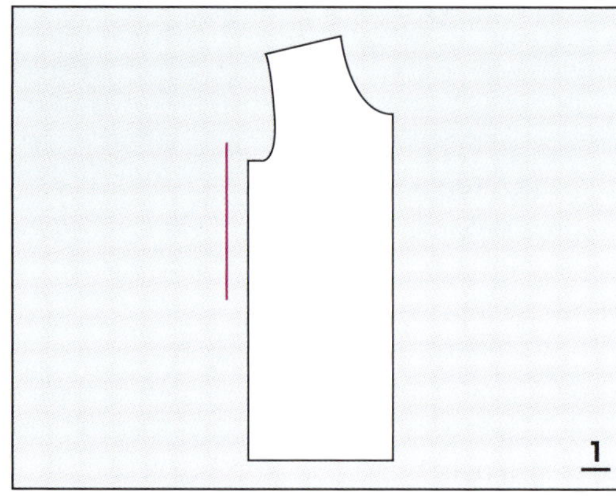

1 Kopieren Sie die Schnittmusterteile für Vorder- und Rückenteil in der gewählten Größe (siehe „Die richtige Größe wählen“, Seite 18), und schneiden Sie sie aus. Legen Sie das Vorderteil auf ein Blatt Papier, und ziehen Sie die Konturen nach. Seine Breite entspricht einem Viertel der Oberweite – um zu ermitteln, wie viel Sie zugeben müssen, teilen Sie die Weite, die Sie zum Brustumfang addieren möchten (siehe „Los geht's“, Seite 22), durch vier. Tragen Sie die ermittelte zusätzliche Weite an der Seitenkante des Vorderteils ab, und ziehen Sie durch diesen Messpunkt eine senkrechte Linie.

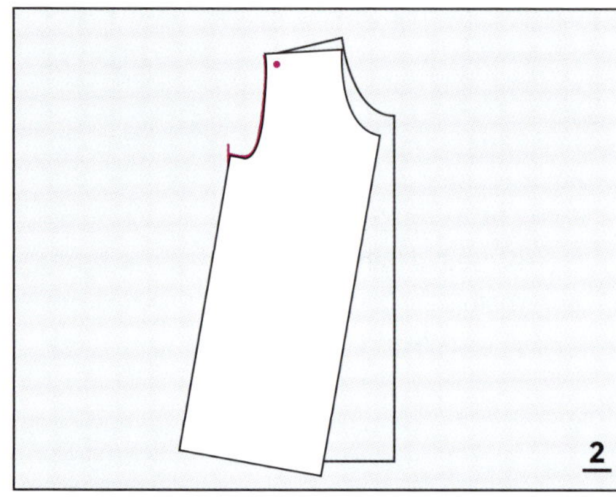

2 Fixieren Sie das Schnittmuster mit einer Stecknadel an der Ecke zwischen Schulter und Armausschnitt auf dem darunter liegenden Papier. Drehen Sie das Schnittmuster zur Seite, sodass das obere Ende der Seitenkante auf die vertikale Linie trifft, die Sie soeben eingezeichnet haben. Übertragen Sie die Kontur des Armausschnitts auf das Papier.

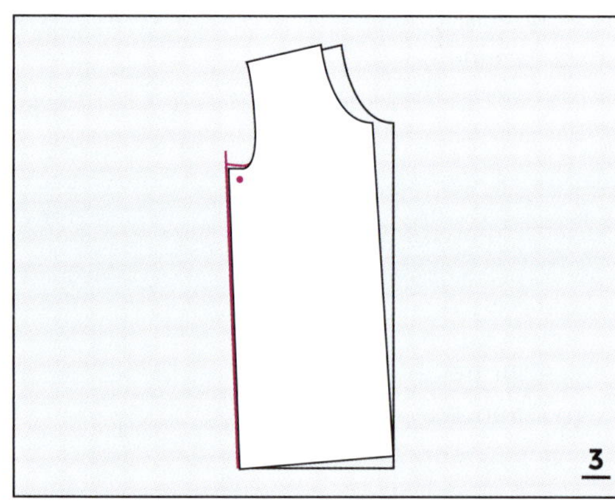

3 Versetzen Sie die Stecknadel an die Ecke zwischen Armausschnitt und Seitenkante. Drehen Sie das Schnittmuster wieder zurück, sodass die untere Ecke der Seitenkante auf die untere Ecke der Zeichnung trifft. Zeichnen Sie die neue Seitenkante ein.

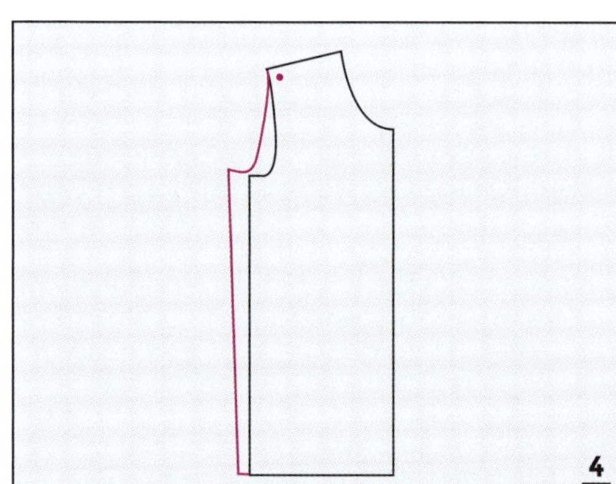

4 Entfernen Sie das Schnittmuster, und verwenden Sie als neues Schnittmuster stattdessen Ihre Zeichnung. Seiten- und Unterkante ausgleichen, sodass sie einen rechten Winkel zueinander bilden. Die neuen Konturen von Armausschnitt und Seitenkante auf das Rückenteil übertragen.

Oberteil mit Abnähern (Trägerkleid Olive, Seite 174)

Hat ein Kleid keine Taillennaht, ist dies eine einfache Alternative zur klassischen Oberweitenanpassung.

1 Nähen Sie zuerst ein Probekleid in der Größe, die Ihrem Brustumfang entspricht. Probieren Sie das Kleid an und nehmen Sie überschüssige Weite am Armausschnitt weg, indem Sie einen Abnäher stecken. Messen Sie die Breite des Abnähers, und übertragen Sie die Maße auf das Schnittmuster des Vorderteils.

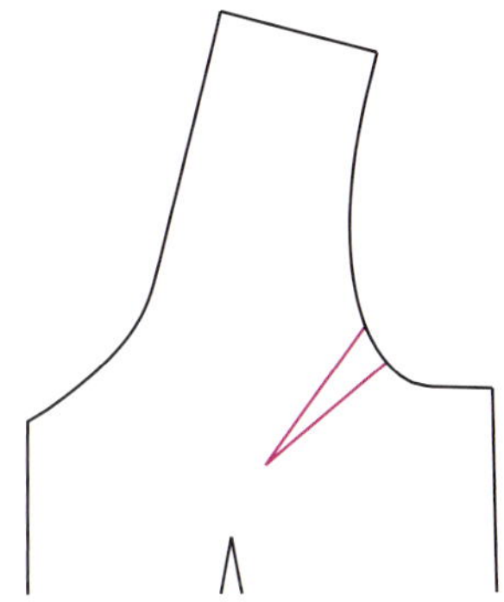

1

2 Der Abnäher soll nun in die Seitennaht versetzt werden. Ziehen Sie von seiner Spitze bis zur Seitennaht eine Linie, die etwas unterhalb des Armausschnitts endet. Schneiden Sie das Schnittmuster an dieser Linie bis zur Abnäherspitze ein.

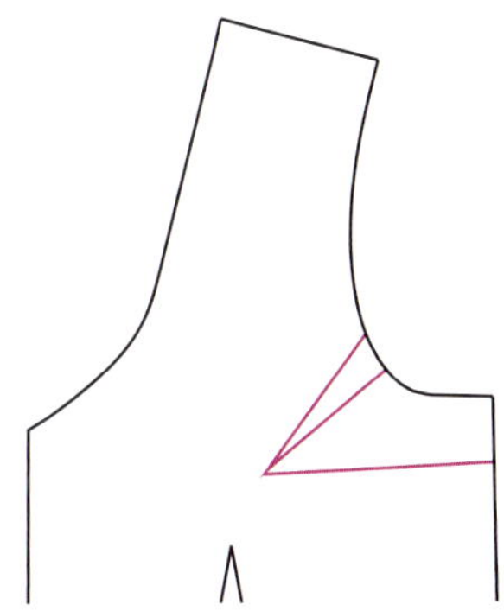

2

3 Falten Sie den ursprünglichen Abnäher in das Schnittmuster, sodass an der Seitenkante eine Lücke entsteht.

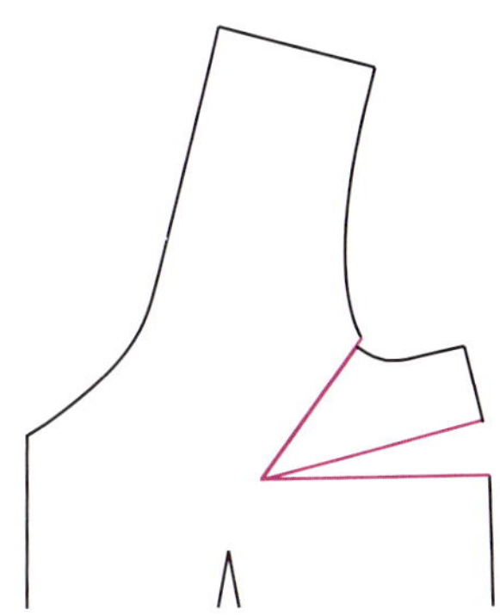

3

4 Zeichnen Sie wieder eine durchgängige Seitennaht und gleichen Sie den Versatz am Armausschnitt aus. Übertragen Sie die Änderungen auf den vorderen Beleg.

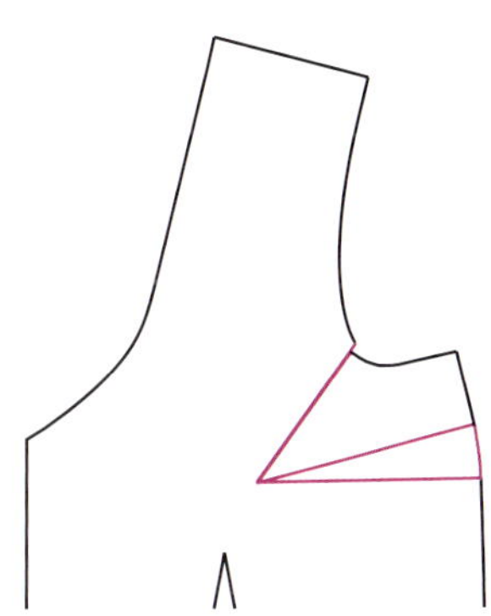

4

Dies ist Ihr neues Vorderteil. Anstatt Abnäher einzunähen, können Sie den Stoff beim Zusammennähen von Vorder- und Rückenteil an den Armausschnitten auch einhalten. Steppen Sie dicht neben den Seitenkanten der Vorderteile mit langen Stichen (4–5mm) zwei oder drei 10–15cm lange Kräuselnähte vom Unterarmbogen nach unten. Vorderteile und Rückenteil bis zu den Kräuselnähten aufeinanderstecken. Vorsichtig an den Fadenenden ziehen, um den Stoff auf die passende Länge zu kräuseln. Die Kräuselung gleichmäßig verteilen, die Naht zu Ende stecken und steppen und Kräuselfäden entfernen.

Je nach Figur müssen Sie den Stoff eventuell auch an den Schulternähten leicht einhalten.

Den Stoff zuschneiden

Waschen Sie Ihren Stoff (damit er nach dem Zuschneiden nicht einläuft), lassen Sie ihn trocknen, und bügeln Sie ihn, wenn er faltig ist. Kopieren Sie das gewünschte Schnittmuster (siehe Seite 9), und nehmen Sie alle notwendigen Veränderungen vor (siehe Seite 18–25).

Falten Sie den Stoff rechts auf rechts, sodass die Webkanten parallel zum Falz (dem Stoffbruch) verlaufen. Werfen Sie einen Blick auf den Schnittauflageplan. Je nach Stoffbreite und Größe des Kleidungsstücks werden die Schnittteile mal so, mal so aufgelegt.

Orientieren Sie sich an dem Plan, der der Breite Ihres Stoffs am nächsten kommt. Manchmal wird der Stoff einmal zur Hälfte gefaltet, manchmal beidseitig zur Mitte hin. Bei Strickstoffen ist der Fadenlauf oft nicht schnurgerade. Halten Sie den Stoff entweder an dem Falz oder an den Längskanten hoch, und richten Sie den Falz gerade aus. Legen Sie den Stoff auf eine Schneidematte und streichen Sie ihn glatt.

Schneiden Sie die Schnittmusterteile in Ihrer Größe ohne zusätzliche Nahtzugabe an den Linien entlang aus.

TIPP

Wenn ein Schnittmuster Ihnen so gut gefällt, dass Sie es mehrfach nutzen möchten, kleben Sie es mit einem Klebestift oder Sprühkleber auf ein Stück Pappe, damit es länger hält. Die Markierungen einschneiden und Abnäherlinien oder alternative Schnittlinien (etwa für kurze statt lange Ärmel) mit einer Aale oder einem anderen spitzen Gegenstand punktieren.

1 Legen Sie die Schnittmusterteile auf den Stoff. Am ökonomischsten geht das mithilfe des Schnittauflageplans. Legen Sie alle mit „Am Stoffbruch anlegen" markierten Kanten an der Falte an. Alle anderen Schnittmusterteile so ausrichten, dass die Pfeile für den Fadenlauf exakt parallel zum Stoffbruch oder zu den Webkanten verlaufen. (Wenn Sie ganz sichergehen wollen, fixieren Sie ein Ende des Pfeils mit einer Stecknadel, messen den Abstand zum Stoffbruch oder zur Webkante und drehen das Schnittmusterteil, bis das andere Ende des Pfeils genauso weit vom Stoffbruch oder von der Webkante entfernt ist.)

2 Fixieren Sie die Schnittmusterteile mit Stecknadeln oder Stoffgewichten. Sie brauchen hierfür keine speziellen Stoffgewichte – ein paar flache, schwere Gegenstände wie Dosen, Bücher oder ein Metalllineal genügen. Mit einem Rollschneider lassen sich insbesondere dehnbare und schlüpfrige Stoffe am schnellsten und akkuratesten zuschneiden. Führen Sie die Klinge an der Kante des Schnittmusterteils entlang, und passen Sie auf, dass Ihre Finger nicht im Weg sind.

3 Selbstverständlich können Sie die Schnittmusterteile auch aufstecken und den Stoff zuschneiden.

4 Knipse – die kleinen Linien, die auf den Schnittmusterteilen rechtwinklig zu den Schnittlinien eingezeichnet sind – durch kleine Einschnitte in die Nahtzugabe übertragen. Sie sollten nicht länger als ca. 5 mm sein und helfen Ihnen später, die Schnittteile passgenau zusammenzusetzen.

4

5 Übertragen Sie alle weiteren Markierungen auf den Stoff (Details finden Sie in den Projektanleitungen) – z.B. mit Durchschlagpapier und einem stumpfen Kopierrädchen. Schieben Sie das Kohlepapier mit der beschichteten Seite nach unten zwischen das Schnittmusterteil und den Stoff (Achtung: die linke Stoffseite muss oben liegen), und fahren Sie die Markierungen mit dem Kopierrad nach.

5

6 Für Punktmarkierungen (z.B. für Taschenecken) stecken Sie eine Stecknadel durch das Schnittmuster und beide Stofflagen und ziehen das Schnittmuster anschließend vorsichtig ab. Die Austrittspunkte der Nadel mit einem Kreidestift oder einem auswaschbaren Markierstift auf beide Stofflagen übertragen.

6

7 Je nach Projekt müssen Sie außerdem Belege zuschneiden (siehe Seite 31).

TIPP

Wenn Ihr Stoff so glatt ist, dass er Ihnen unter den Händen wegrutscht, schneiden Sie zuerst die Bügeleinlage zu. Die Einlage mit der rauen, klebrigen Seite auf die linke Stoffseite legen, und mit einem warmen Bügeleisen ohne Dampf aufbügeln. Anschließend können Sie den Stoff problemlos und viel genauer zuschneiden, da die Einlage Ihren Stoff stabilisiert.

TIPP

Nähbegriffe und Tipps für effizientes Nähen

Einfachheit ist beim Nähen nicht mit Schnelligkeit gleichzusetzen. Wenn Sie den Stoff in einem Tempo, das Sie überfordert, durch die Maschine jagen, Anleitungen nur überfliegen, anstatt sie richtig zu lesen, oder wie verrückt an den Nahtzugaben herumschnippeln, werden Sie letztlich öfter, als Ihnen lieb ist, Zeit in das Ausbessern von Fehlern stecken müssen. Besser ist es, möglichst einfache Techniken zu nutzen und nur dort „Abkürzungen" zu nehmen, wo die Qualität des Ergebnisses nicht leidet. Im Folgenden finden Sie Erklärungen zu Fachbegriffen, die ich in diesem Buch immer wieder verwende, sowie Tipps, wie Sie Zeit sparen können.

VERRIEGELN

Damit Nähte nicht aufgehen, verriegeln Sie sie am Anfang und Ende mit zwei oder drei Rückstichen. Hierfür den Knopf oder Hebel zum Rückwärtsnähen drücken (siehe Tipp rechts).

EINSCHNEIDEN

Nahtzugaben in Rundungen wie z.B. Halsausschnitten werden rechtwinklig zur Stoffkante leicht eingeschnitten. Dadurch kann sich die Nahtzugabe dehnen, wenn das Kleidungsstück auf rechts gewendet wird, sodass die Naht schön flach liegt (siehe auch Tipp auf Seite 30, oben).

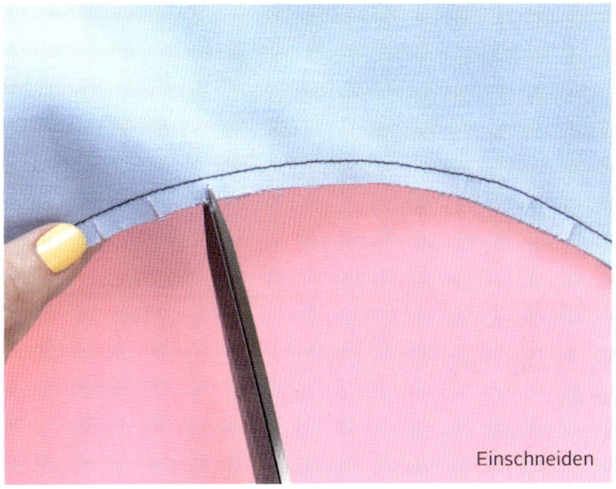

Einschneiden

TIPP

Wird eine Naht von einer anderen oder einer Saumnaht gekreuzt, verhindert diese, dass die darunter liegende Naht aufgeht, und Sie können sich das Verriegeln sparen. Bei kreisförmigen Nähten wie z.B. Säumen sichern Sie Nahtanfang und -ende einfach durch Übereinandersteppen. Ein paar Stiche genügen. Nähte, die nicht auf diese Weise gesichert werden können – wie beispielsweise beim Aufsteppen einer Tasche oder eines Bandes – müssen verriegelt werden.

TIPP

Alternativ können Sie die Nahtzugaben auch fast bis an die Nahtlinie zurückzuschneiden. Sie sollten aber immer noch breit genug sein, um sie mit Zickzackstichen oder einer Overlockmaschine versäubern zu können – es sei denn, Sie verwenden gleich eine Zackenschere, um das Zurückschneiden und Versäubern in einem Aufwasch zu erledigen.

KNAPPKANTIG ABSTEPPEN

Zweite Naht entlang einer Kante oder anderen Naht, um dieses zu stabilisieren (siehe Seite 34), in der Regel im Abstand von 2–3mm (siehe auch Tipp, rechts).

VERSÄUBERN

Das Zurückschneiden und Verstärken offener Schnittkanten bzw. Nahtzugaben. Eine Overlockmaschine erledigt beides in einem Arbeitsgang (siehe Tipp, unten rechts). Sie können Nahtkanten auch mit einer Haushaltsnähmaschine und Zickzackstich versäubern, sodass die nach außen gerichteten Spitzen der Zickzacklinie mit der Nahtkante abschließen. Für feste Webstoffe, die nicht so leicht ausfransen, genügt eine Zackenschere. Vor dem Beschneiden mit der Zackenschere können Sie die Nahtzugaben zur Stabilisierung etwa 7mm neben der Kante zusammennähen.

Kanten müssen nicht versäubert werden:

- wenn die Naht unter einem Beleg verschwindet wie beim Halsausschnitt und bei den Armausschnitten des Trägerkleids Olive (siehe Seite 183),
- wenn Sie Strickstoffe verarbeiten – Strickstoffe fransen nicht aus, die Ränder können bleiben, wie sie sind.

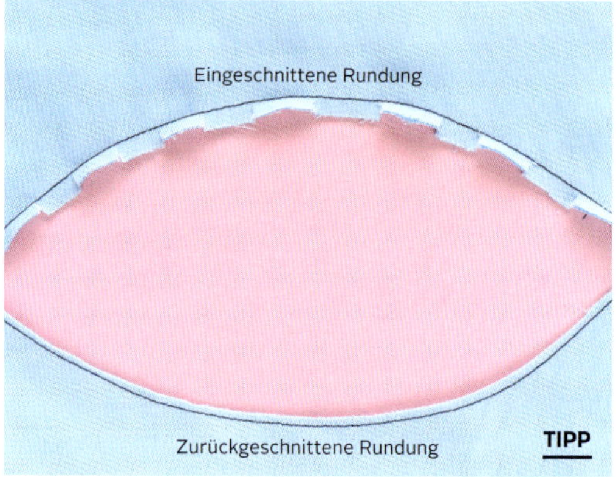

TIPP

Ein Abstandhalter erleichtert Ihnen, einen gleichmäßigen Abstand zur Kante oder zur Naht einzuhalten. Oder schieben Sie die Nähmaschinennadel – falls möglich – 2–3mm zu der Kante, die Sie (ab-)steppen möchten, und führen die Kante immer mittig durch den Nähfuß.

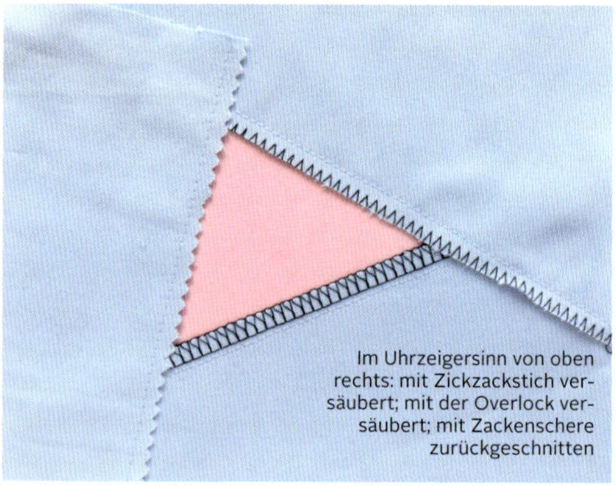

Im Uhrzeigersinn von oben rechts: mit Zickzackstich versäubert; mit der Overlock versäubert; mit Zackenschere zurückgeschnitten

TIPP

Es kostet Zeit, bei einer Overlockmaschine immer wieder farblich passende Nähgarne einzufädeln – Zeit, die ich persönlich lieber mit Nähen verbringe. Schneller geht es, wenn Sie jeweils nur die Garne für die Nadelfäden austauschen, denn die Greiferfäden sind später von außen nicht zu sehen.

ABGESTUFT ZURÜCK-SCHNEIDEN

Nahtzugaben (siehe Seite 35), die später aufeinanderliegen, werden am besten auf unterschiedliche Breiten zurückgeschnitten, damit sich an der Nahtkante keine Wülste bilden.

> **TIPP**
> Nahtzugaben abgestuft, also nacheinander, zurückzuschneiden dauert länger, als sie gleichzeitig zurückzuschneiden. Ich mache das deshalb nur bei dicken Stoffen oder wenn viele Stofflagen aufeinanderliegen.

EINLAGE

Struktur gebende Materialien, die zur Verstärkung bestimmter Bereiche (z.B. von Halsausschnitten) zwischen Stoff und Beleg verarbeitet werden und für zusätzliche Festigkeit sorgen. Ich bevorzuge Einlagen zum Aufbügeln. Mit dem Bügeleisen mehrfach mit Druck langsam über die Einlage gleiten.

MARKIERUNGEN

Kurze Linien auf dem Schnittmuster, die als Orientierungshilfe beim Zusammensetzen von Schnittteilen dienen. Die Nahtzugaben beim Stoffzuschnitt an den Markierungen etwa 5mm tief einschneiden.

STECKEN

Schnittteile sollten vor dem Nähen gesteckt werden. Bei deckungsgleichen Teilen müssen Sie im Prinzip nur darauf achten, dass die Kanten exakt aufeinanderliegen. Bei unterschiedlich geformten oder verschieden langen Schnittteilen ist es wichtig, dass die Nahtlinien, die

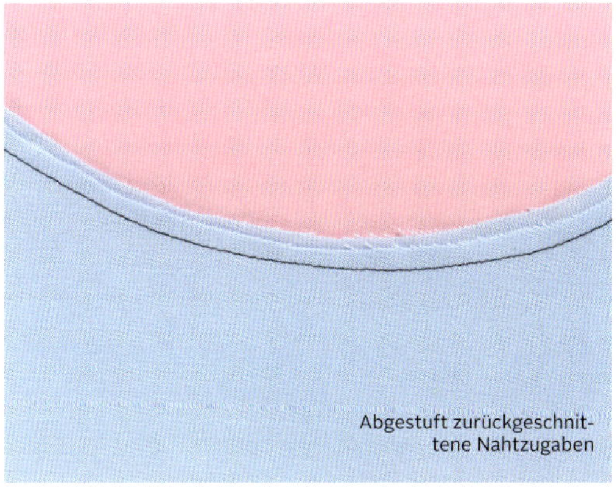

Abgestuft zurückgeschnittene Nahtzugaben

Stecken

normalerweise 15mm innerhalb der Stoffkante liegen, exakt aufeinanderpassen. In diesem Fall sollten Sie deshalb auf der Nahtlinie stecken. Bei festen Stoffen reicht es aus, an den Ecken, den Markierungen und in größeren Abständen dazwischen zu stecken. Bei dünnen Stoffen, die leicht wegrutschen, gilt jedoch: je mehr Nadeln desto besser.

> **TIPP**
> Meiner Erfahrung nach geht das Stecken am schnellsten, wenn man Stecknadeln rechtwinklig zu den Stoffkanten einsteckt, mit den Nadelköpfen nach außen. So kann ich sie beim Steppen einfach nach und nach herausziehen. Zum Anprobieren sollten Sie die Nadeln im Abstand von 15mm parallel zur Stoffkante einstecken. Bei Bedarf die Passform durch Umstecken korrigieren.

TIPP: NÄHEN OHNE STECKNADELN

Wenn Sie eine versierte Näherin sind, brauchen Sie vielleicht überhaupt keine Stecknadeln – Industrienäherinnen verwenden nur selten welche. Am besten probieren Sie es mit einem festen Webstoff und aufeinanderpassenden Schnittteilen aus, die beim Nähen nicht eingehalten werden müssen, also z.B. beim Steppen einer Seitennaht. Noch besser: Ist eine Stofflage mit Einlage verstärkt, legen Sie diese Lage nach oben, um das Nähgut zu stabilisieren, wenn es durch die Maschine transportiert wird.

Legen Sie die Schnittteile bündig unter den Nähfuß, und stechen Sie die Nadel in den Stoff, damit nichts mehr verrutschen kann. Die Stoffkanten an den ersten beiden Markierungen mit einer Hand zusammenhalten. Damit beide Stofflagen gleichmäßig transportiert werden, müssen Sie sie auf einer Ebene mit dem Anschiebetisch gerade vor den Nähfuß halten. Beginnen Sie zu steppen, und lassen Sie den Stoff vom Transporteur durch die Maschine ziehen.

Am einfachsten geht das meiner Erfahrung nach, wenn ich die beiden Stofflagen zwischen Daumen und Zeigefinger halte – doch alles ist erlaubt, Hauptsache, es funktioniert. Führen Sie den Stoff mit der anderen Hand so, dass die Kanten an der passenden Hilfsmarkierung auf der Stichplatte oder dem Abstandhalter entlanglaufen.

Sollten Sie eine Pause einlegen wollen, achten Sie darauf, dass die Nadel im Stoff steckt, wenn Sie die Maschine verlassen, damit die Naht beim Weiternähen nicht verspringen kann. Zum Weitersteppen den Stoff an der nächsten Markierung oder einem beliebigen Punkt davor fassen und fortfahren, wie oben beschrieben.

Nähen ohne Stecknadeln erfordert ein wenig Übung, doch wenn Sie es erst einmal können, werden Sie sich vorkommen wie eine Näh-Ninja.

BÜGELN

Nähte und Säume müssen nach dem Nähen gebügelt werden, damit sie später schön glatt liegen. Nahtzugaben entweder auseinander- oder auf eine Seite bügeln, zuerst auf der linken, dann auf der rechten Stoffseite (siehe unten). Dabei den Stoff sanft von der Naht wegziehen, damit keine Knitterfalten entstehen, und das heiße Bügeleisen jeweils ein paar Sekunden aufdrücken. Durch Bügeln lassen sich Nähte außerdem einhalten oder dehnen. Kleidungsstücke können so regelrecht modelliert werden.

TIPP

Durch Bügeln lassen sich Nähergebnisse verbessern. Das heißt nicht, dass Sie andauernd aufstehen und jedes Mal, wenn Sie eine Naht geschlossen haben, zu Ihrem Bügelbrett laufen müssen – warten Sie einfach, bis Sie ein paar Nähte gesteppt haben (siehe „Arbeitsschritte bündeln“ auf Seite 37 und die Kurzanleitungen „Kurz und knapp“ am Ende der Nähanleitungen). Generell ist es ratsam, eine Naht auszubügeln, ehe eine zweite darübergenäht wird, doch bei Strickstoffen und anderen dehnbaren Stoffen können Sie die Nahtzugaben auch einfach mit den Fingern auseinander- oder zu einer Seite drücken, während Sie darüber steppen. Bügeln Sie die Nähte später aus.

RECHTE UND LINKE STOFFSEITE

Die rechte Stoffseite liegt beim fertigen Kleidungsstück außen, die linke innen. In den meisten Fällen werden die Schnittteile rechts auf rechts gesteckt und genäht, d.h., die rechten Stoffseiten liegen aufeinander, sodass die Nahtzugaben später im Inneren des Kleidungsstücks verschwinden (siehe Tipp, oben rechts).

TIPP

Wenn Sie einen Wendestoff verwenden, der rechts wie links aussieht, markieren Sie die linke Stoffseite nach dem Zuschnitt mit Schneiderkreide, einem Kreidestift oder einer Sicherheitsnadel.

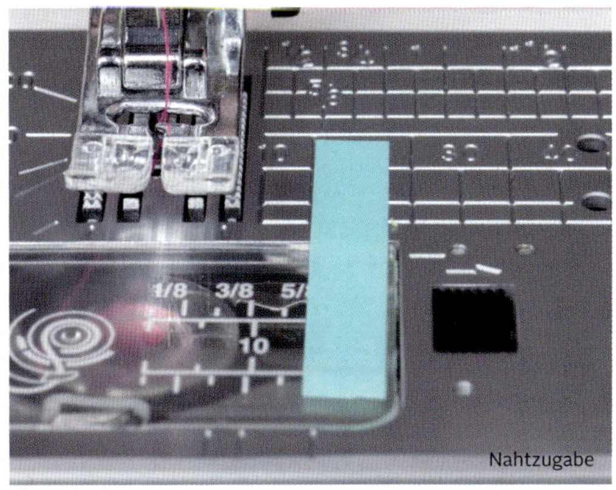

Nahtzugabe

NAHTZUGABE

Die Schnittmuster in diesem Buch enthalten eine Nahtzugabe von 15 mm. Das bedeutet, dass zwischen Stoffkante und Nahtlinie genau 15 mm Abstand sein sollten. Wenn in der Nähanleitung nichts anderes angegeben ist, führen Sie die Stoffkanten beim Nähen an der 15-mm-Hilfslinie Ihrer Maschine entlang.

TIPP

Wenn Sie die Hilfsmarkierungen auf der Stichplatte schlecht erkennen können oder eine alte Nähmaschine haben, die keine Hilfslinien hat, markieren Sie den 15-mm-Abstand zwischen Nadel und Stoffkante mit einem Streifen buntem Papier oder Washi Tape.

STÜTZNAHT

In manchen Fällen handelt es sich hierbei um eine Heftnaht, mit der Schnittteile vorübergehend zusammengenäht werden, damit sie nicht verrutschen, wenn ein weiteres Schnittteil angesteppt wird. In anderen Fällen geht es um eine Steppnaht dicht neben einer gerundeten oder schrägen Kante, die verhindert, dass diese sich verzieht. Stütznähte werden innerhalb der Nahtzugabe etwa 10 mm neben der Kante gesteppt, damit sie von außen nicht zu sehen sind, und sollten immer symmetrisch genäht werden, bei einem Halsausschnitt also z. B. von der einen Schulter zur Mitte und dann von der anderen Schulter zur Mitte.

TIPP

Sie müssen viele Teile mit Stütznähten versehen? Eine gute Gelegenheit, das „Kettennähen“ zu üben (siehe Seite 36).

NAHTSCHATTEN

Eine unsichtbare Naht, die exakt in der Rille (im Schatten) der ersten Naht gesteppt wird, z. B., um einen Ausschnittbeleg an der Schulternaht zu befestigen. Beim Steppen sollte die Außenseite des Kleidungsstücks oben liegen; so haben Sie mehr Kontrolle über die Stichführung.
Zum Annähen eines Belegs genügen vier oder fünf Stiche im Nahtschatten.

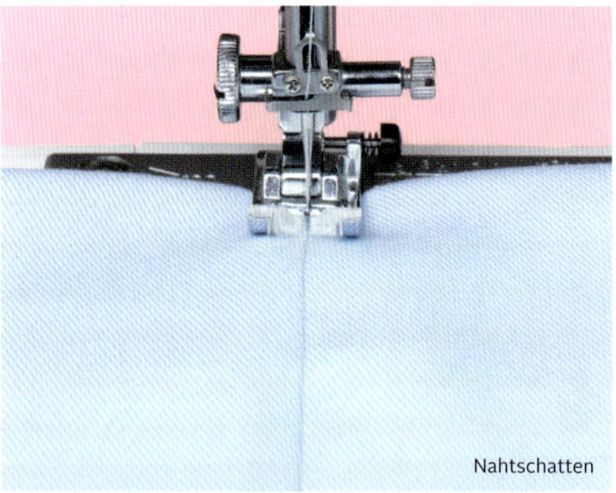

Nahtschatten

HEFTEN

Provisorisches Zusammennähen von Schnittteilen, damit sie nicht verrutschen. Stellen Sie hierzu an Ihrer Nähmaschine einen größere Stichlänge ein (4–5 mm). Auf lange Sicht zahlt es sich aus, z. B. die Seitennähte von Kleidungsstücken zunächst zu heften, um sie anzuprobieren und bei Bedarf schnell ein paar Änderungen vorzunehmen.

TIPP

Nähen mit großen Stichen erleichtert später das Auftrennen. Sie können außerdem ein kontrastfarbenes Garn wählen, das sich gut vom Stoff abhebt, und die Unterfadenspannung Ihrer Nähmaschine verringern, um Schlingen zu erzeugen, die sich mit dem Nahttrenner leicht fassen lassen.

Ich mache mir nicht immer die Mühe, Heftfäden zu entfernen. Wenn ich in der Nahtzugabe geheftet habe und die Kanten später ohnehin mit der Overlockmaschine versäubert werden, ist es nicht nötig. In der Regel verwende ich dann ein unauffälliges Heftgarn, das farblich zum Stoff oder zum übrigen Nähgarn passt.

ABSTEPPEN

Sichtbare Reihe von Geradstichen entlang einer Kante oder Naht, um die Naht oder einen Saum zu stabilisieren (siehe Tipp, Seite 35 oben).

TIPP

Zum Absteppen von Strickstoffen werden normalerweise Zwillingsnadeln verwendet. Doch oft ist es schwierig, die richtige Fadenspannung einzustellen und zu vermeiden, dass einzelne Stiche aus der Reihe tanzen. Einfacher ist es, die Naht mit einem gleichmäßigen Zickzackstich abzusteppen (2,5 x 2,5mm oder 3 x 3mm).

TIPP

NAHTZUGABEN ZURÜCKSCHNEIDEN

Wenn in der Nähanleitung nicht anders angegeben, werden die Nahtzugaben nach dem Steppen mit einer Stoffschere oder einem Rollschneider auf etwa die Hälfte ihrer Breite zurückgeschnitten, damit sie sich nicht als Wülste unter dem Stoff abzeichnen.

Untersteppen

TIPP

Wenn Sie eine Overlockmaschine haben, schalten Sie das Messer ein, und kappen Sie die Nahtzugaben direkt beim Nähen.

UNTERSTEPPEN

Feststeppen eines Belegs auf der Nahtzugabe, damit er sich später nicht nach außen wölbt. Versuchen Sie, 2–3mm neben der Naht zu steppen, und machen Sie sich keinen Kopf, wenn das Ergebnis nicht ganz akkurat ausfällt – die Naht verschwindet ohnehin im Inneren des Kleidungsstücks.

TIPP

Bei dickeren oder widerspenstigen Stoffen bügeln Sie die Nahtzugaben und den Beleg vor dem Untersteppen nach außen, damit keine Fältchen entstehen. Leichte, gefällig fallende und dehnbare Stoffe brauchen vor dem Untersteppen nicht gebügelt zu werden – halten Sie die Stofflagen beim Steppen einfach straff.

OBERTRITT UND UNTERTRITT

Bezeichnung für einander überlappende Kanten bei Verschlüssen, z.B. bei Knopfleisten. Der Obertritt liegt oben, der Untertritt unten.

Drei Strategien für effizientes Nähen

Ich bin ein großer Fan von Effizienzstrategien. Mit den folgenden Tricks lässt sich das Nähen ökonomischer gestalten, sodass Sie mehr Zeit und Energie für Nähaufgaben haben, die wirklich Spaß machen.

1 Kettennähen

Das Steppen einer Naht erscheint auf den ersten Blick recht simpel, gliedert sich bei genauerer Betrachtung aber in eine ganze Abfolge von Einzelschritten: überprüfen, ob das Garn eingefädelt ist, die Fäden unter dem Nähfuß nach hinten ziehen, den Nähfuß auf den Stoff senken, den Fuß auf das Pedal setzen, die Nähmaschine starten, die Maschine stoppen, den Nähfuß hochhebeln, den Stoff herausziehen, die Schere nehmen und die Fäden abschneiden. Und bei der nächsten Naht das Ganze noch einmal von vorn.

Wenn Sie mehrere Nähte, ohne abzusetzen, hintereinander weg nähen, können Sie Zeit sparen. Sobald eine Naht fertig ist, sichern Sie das Nahtende, falls erforderlich, mit ein paar Rückstichen, doch hebeln Sie den Nähfuß nicht hoch, und schneiden Sie die Fäden nicht ab. Legen Sie einfach die Schnittteile oder das Schnittteil für die nächste Naht vor die Nadel, und steppen Sie mit einer kleinen Lücke zwischen dem fertigen und dem neuen Teil weiter. Auf diese Weise können Sie beliebig viele Teile aneinanderketten. Wenn Sie fertig sind, ziehen Sie das letzte Teil aus der Maschine und schneiden die Fäden zwischen den Teilen durch. Haben Sie erst einmal den richtigen Rhythmus gefunden, werden Sie sich wie eine Speed-Näherin vorkommen.

Kettennähen

2 Projekte bündeln

Sie haben sich in das T-Shirt „Tabitha“ verliebt (siehe Seite 74) und Stoff für drei weitere gekauft? Lassen Sie sich von den Verfahren der Bekleidungsindustrie inspirieren, und nähen Sie alle drei gleichzeitig.

Opfern Sie einen Abend für das Zuschneiden sämtlicher Teile, dann bündeln Sie die Einzelteile pro T-Shirt mitsamt Garn und sonstigem Zubehör in einer Projekttasche. Anschließend nähen Sie alle Schulternähte, alle Halsausschnitte, alle Ärmel usw. oder kombinieren diese Methode mit der Bündelung von Arbeitsschritten (siehe Seite 37), wenn es noch schneller gehen soll.

Wenn Sie einen scharfen Rollschneider oder eine schwere Schneiderschere besitzen, können Sie sogar versuchen, die Einzelteile für zwei oder drei T-Shirts stapelweise zuzuschneiden. Legen Sie Transparentpapier oder Packpapier auf die Schneidematte, um die unterste Stofflage zu stabilisieren, und legen Sie die

Stoffe aufeinander. Ihr Gewicht sollte dafür sorgen, dass die unterste Lage nicht wegrutscht. Diese Art des Zuschneidens ist bei wenig dehnbaren, nicht allzu glatten Stoffen am einfachsten.

Ich lege Ihnen sehr ans Herz, wenigstens ein Exemplar eines Kleidungsstücks komplett fertigzustellen, ehe Sie sich an die „Massenproduktion" begeben. So können Sie prüfen, ob Sie mit dem Sitz zufrieden sind und Ihnen Techniken, mit denen Sie noch nicht so vertraut sind, leicht von der Hand gehen.

Beim Bündeln von Projekten lässt sich noch mehr Zeit sparen, wenn man Stoffe in ähnlichen Farben wählt, sodass man nicht ständig das Nähgarn zu wechseln braucht.

3 Arbeitsschritte bündeln

Wenn Sie die einzelnen Schritte der Nähanleitungen strikt befolgen – die Naht stecken, steppen, Nahtzugaben zurückschneiden, versäubern und auseinanderbügeln, ehe Sie sich der nächsten Naht widmen –, werden Sie eine Menge Zeit damit verbringen, zwischen Zuschneidetisch, Nähmaschine, Overlockmaschine und Bügelbrett hin- und herzulaufen, Werkzeuge herbeizuholen und wieder wegzuräumen.

Um Energie zu sparen, bündle ich die einzelnen Aufgaben, die beim Schneidern anfallen. Das heißt z.B., dass ich möglichst viele Nähte stecke und erst zu steppen beginne, wenn es nicht anders geht, weil ich nur so ein weiteres Teil ansetzen kann. Dann setze ich mich an die Nähmaschine und steppe möglichst viele Nähte hintereinander weg – bis eine Nahtzugabe zurückgeschnitten werden muss. Dann greife ich zur Schere und ... Sie haben verstanden, was ich meine. Wie an einem Minifließband für eine Person, wenn Sie so wollen.

Ökonomen werden Ihnen raten, Aufgaben wie das Schreiben von E-Mails, das Abhalten von Meetings und Büroarbeiten zu bündeln, um keine körperliche und mentale Energie mit dem Hin- und Herspringen zwischen Aufgaben zu verschwenden. Das gleiche Prinzip wende ich beim Nähen an. Ich schätze diese Methode so sehr, dass ich die ausführlichen Anleitungen für die Grundschnitte jeweils um eine Kurzanleitung („Kurz und knapp") ergänzt habe, in der die einzelnen Arbeitsschritte sinnvoll gebündelt sind.

Wann ist von dieser Methode abzuraten? Wie erwähnt, müssen Nähte manchmal gesteppt, beschnitten, versäubert und gebügelt werden, ehe eine zweite Naht darübergesteppt wird. Widerstehen Sie der Versuchung, zu viele Schnittteile aneinanderzustecken, ehe Sie die Nähte steppen, denn es werden sich Stecknadeln aus dem Stoff lösen und herunterfallen. Wenn Sie Anfängerin sind und verstehen wollen, wie und warum die einzelnen Schritte aufeinanderfolgen, sollten Sie sich an die Schritt-für-Schritt-Anleitungen halten. Und wenn Sie Aufgaben lieber nacheinander erledigen, sagen wir, ein Oberteil komplett zusammenzunähen, ehe Sie sich den Ärmeln widmen, dann tun Sie es.

Fünf zeitsparende Features der Nähmaschine

Sie haben sich die Gebrauchsanweisung für Ihre Nähmaschine von vorne bis hinten durchgelesen, oder etwa nicht? Ich auch nicht. Doch es lohnt sich, einen weiteren Blick hineinzuwerfen, denn vielleicht ist Ihre Maschine mit ein paar Schnellwahltasten oder zusätzlichen Features ausgestattet, von denen Sie gar nichts wissen ...

1

2

1 Automatischer Fadenabschneider

Hat Ihre Nähmaschine einen kleinen Knopf mit einem Scherensymbol? Das ist sehr wahrscheinlich die Taste für den automatischen Fadenabschneider. Wenn Sie ihn drücken, schneidet er Ober- und Unterfaden am Ende einer Naht knapp hinter dem Stoff ab. Klar, das bringt Ihnen pro Naht nur ein paar Sekunden, doch Kleinvieh macht auch Mist, und es flutscht einfach besser, wenn Sie sich erst einmal daran gewöhnt haben, ihn zu benutzen. Ich habe mich lange Zeit geweigert, diesen Knopf zu drücken, weil es mir irgendwie wie Betrug vorkam, doch dann bin ich seinem Charme erlegen, und mein Leben hat sich verändert ...

2 Fadenabschneider

Wenn Ihre Maschine keinen automatischen Fadenabschneider besitzt, dann zumindest einen herkömmlichen oberhalb des Nadelhalters auf der linken Seite der Maschine. Sie können das Nähgut unter der Maschine hervorziehen und mit derselben Bewegung gleichzeitig die Fäden abschneiden.

3 Automatischer Einfädler

Wenn Sie Probleme haben, den Oberfaden durch das Öhr zu fädeln, prüfen Sie, ob Ihre Maschine mit einem automatischen Einfädler ausgestattet ist. Sobald Sie den Hebel links neben der Nadel nach unten ziehen, taucht auf magische Weise ein kleines Werkzeug auf. Prüfen Sie, ob der Drahthaken sich von hinten durch das Nadelöhr geschoben hat, ziehen Sie den Faden unter die Führung des Einfädlers und den Haken, und lassen Sie den Hebel los. Hinten aus dem Nadelöhr sollte nun eine Fadenschlinge ragen. Ziehen Sie an der Schlinge, und fertig.

3

4 Kniehebel

Jahrelang hatte ich keine Ahnung, wofür dieses Zickzackteil aus Metall, das mit meiner Nähmaschine geliefert wurde, gut sein soll. Es stellte sich heraus, dass es sich um einen Kniehebel handelt – er wird vorne an der Maschine in ein Loch gesteckt und ermöglicht es, den Nähfuß ohne Zuhilfenahme einer Hand mit dem Knie zu heben. Quilterinnen nutzen dieses Hilfsmittel häufig, und wenn Sie z.B. eine Tasche mit vielen Ecken nähen, kann der Kniehebel die Sache beschleunigen und vereinfachen.

4

5 Overlockfuß

Wenn Sie Nahtkanten mit einer normalen Nähmaschine mit Zickzackstichen versäubern, könnte die Anschaffung eines Overlockfußes sich lohnen. Vielleicht ist er sogar beim Zubehör Ihrer Maschine dabei. Achten Sie darauf, dass die Stoffkante beim Steppen immer an der Führung entlangläuft, damit die Zickzacknaht bündig sitzt. Die ersten paar Stiche mit dem Handrad nähen, um sicherzustellen, dass die Nadel nicht auf Metall trifft.

5

Ein letzter Tipp ...

Graut Ihnen davor, die Konen Ihrer Overlockmaschine zu wechseln? Und wussten Sie, dass es Oberklassemodelle mit Lufteinfädlern gibt? Sie sind nicht billig, doch das Einfädeln geht damit schnell und einfach.

HOSE SAFIYA

ZUSCHNEIDEDAUER: 20 MINUTEN
NÄHZEIT: 75 MINUTEN

Diese Hose, die aus nur zwei Schnittmusterteilen zusammengesetzt wird und keinerlei komplizierte Verschlüsse hat, ist im Handumdrehen geschneidert. Ihr lockerer Sitz und die weiten, knapp über dem Knöchel endenden Beine liegen voll im Trend, doch Sie können die Länge nach Lust und Laune variieren. Der elastische Bund ist vorne glatt gearbeitet und schmeichelt der Figur. Für diese Hose eignen sich Stoffe, die schön fallen, z.B. Viskose für den Sommer oder luxuriöser Stretchsamt für den Winter. Die Hose trägt sich so bequem wie eine Pyjamahose.

ZEIGEN SIE UNS IHRE PROJEKTE!

@TillyButtons #SewingSafiya #MakeItSimpleBook

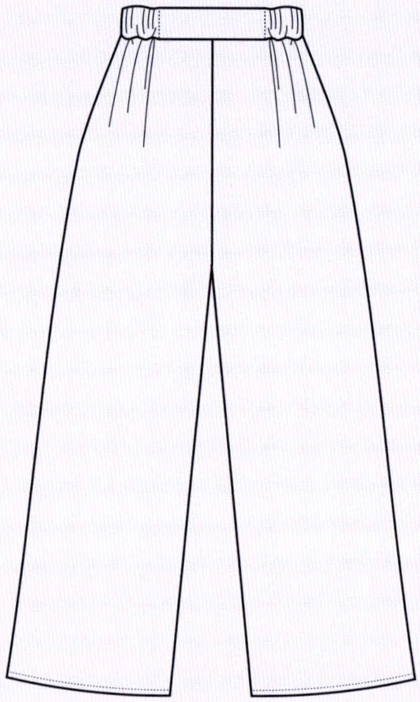

Vorderseite

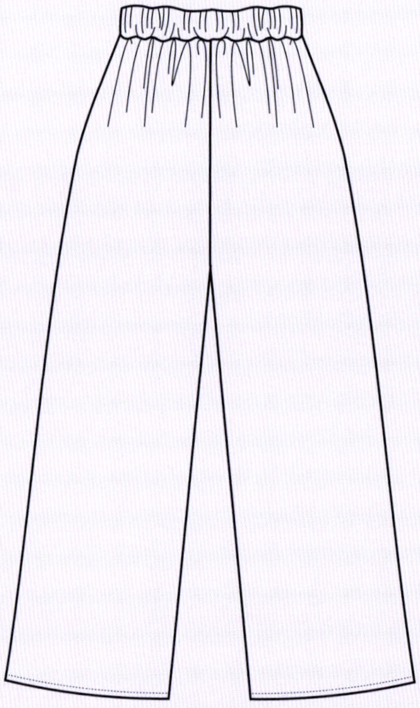

Rückseite

MATERIAL

Größe 1–4:

- □ 190 cm Stoff (150 cm breit) oder 210 cm Stoff (115 cm breit)

Größe 5–10:

- □ 210 cm Stoff (150 cm breit) oder 220 cm Stoff (115 cm breit)

Alle Größen:

- □ Garn in passender Farbe
- □ Gummiband in passender Länge (siehe Maßtabelle Bund, rechts), 25 mm breit
- □ 2 große Sicherheitsnadeln

GEEIGNETE STOFFE

Leichte oder mittelschwere Stoffe mit schönem Fall wie leichtes Leinen, Batist, Lyocell (Tencel), Viskose, Krepp, Plissee, Stretchsamt oder Viskosejersey.

GRÖSSENTABELLE

Körpermaße

GRÖSSE		TAILLENUMFANG	HÜFTUMFANG
1	UK 6 US 2 EUR 34	61 cm	84 cm
2	UK 8 US 4 EUR 36	66 cm	89 cm
3	UK 10 US 6 EUR 38	71 cm	94 cm
4	UK 12 US 8 EUR 40	76 cm	99 cm
5	UK 14 US 10 EUR 42	81 cm	104 cm
6	UK 16 US 12 EUR 44	86,5 cm	109 cm
7	UK 18 US 14 EUR 46	91,5 cm	114 cm
8	UK 20 US 16 EUR 48	96,5 cm	119,5 cm
9	UK 22 US 18 EUR 50	101,5 cm	124,5 cm
10	UK 24 US 20 EUR 52	106,5 cm	129,5 cm

Maße des fertigen Kleidungsstücks

GRÖSSE		TAILLEN-UMFANG	HÜFT-UMFANG	BEININNEN-LÄNGE
1	UK 6 US 2 EUR 34	* 87cm	90cm	64,5cm
2	UK 8 US 4 EUR 36	* 92cm	95cm	64,5cm
3	UK 10 US 6 EUR 38	* 97cm	100cm	64,5cm
4	UK 12 US 8 EUR 40	* 102cm	105cm	64,5cm
5	UK 14 US 10 EUR 42	* 107cm	110cm	64,5cm
6	UK 16 US 12 EUR 44	* 112cm	115cm	64,5cm
7	UK 18 US 14 EUR 46	* 117cm	120cm	64,5cm
8	UK 20 US 16 EUR 48	* 122cm	125cm	64,5cm
9	UK 22 US 18 EUR 50	* 127cm	130cm	64,5cm
10	UK 24 US 20 EUR 52	* 132cm	135cm	64,5cm

*Dies entspricht dem Taillenumfang vor dem Einfädeln des Gummibands, mit dem der Hosenbund auf die passende Weite gebracht wird.

Maßtabelle Bund

GRÖSSE		ÖFFNUNG (AB SCHRITTNAHT)	LÄNGE DES GUMMIBANDS
1	UK 6 US 2 EUR 34	11,8cm	42cm
2	UK 8 US 4 EUR 36	12,4cm	45,5cm
3	UK 10 US 6 EUR 38	13cm	49cm
4	UK 12 US 8 EUR 40	13,6cm	52,5cm
5	UK 14 US 10 EUR 42	14,2cm	56cm
6	UK 16 US 12 EUR 44	14,8cm	59,5cm
7	UK 18 US 14 EUR 46	15,4cm	63cm
8	UK 20 US 16 EUR 48	16cm	66,5cm
9	UK 22 US 18 EUR 50	16,6cm	70cm
10	UK 24 US 20 EUR 52	17,2cm	73,5cm

ZUSCHNEIDEN

Schneiden Sie folgende Teile zu:

□ **Vorderes Hosenbein** – 2x zuschneiden

□ **Hinteres Hosenbein** – 2x zuschneiden

Weitere Infos zum Zuschneiden und Markieren von Stoff finden Sie auf Seite 26–28.

Stoffbreite 150cm – Größe 1–4

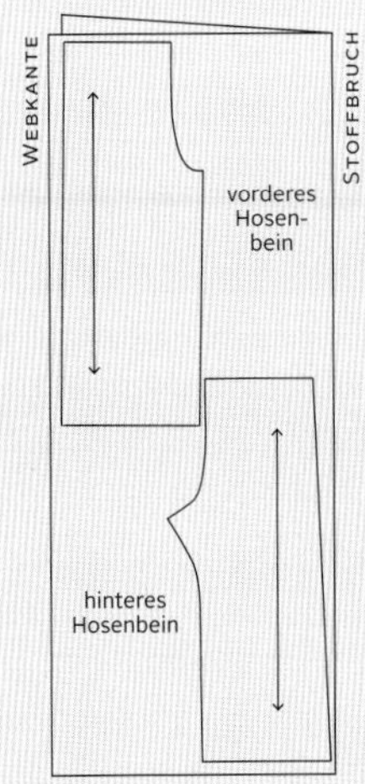

Stoffbreite 150cm – Größe 5–10

Stoffbreite 115cm – alle Größen

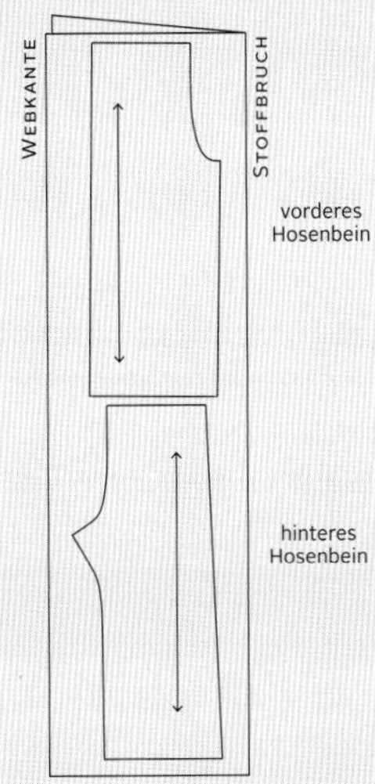

SIND SIE BEREIT? LOS GEHT'S!

Die Nahtzugabe für alle Nähte beträgt 1,5 cm.

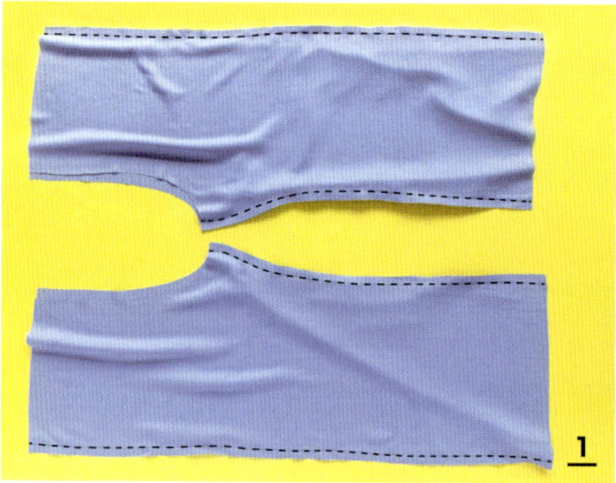

HOSENBEINE ZUSAMMENSETZEN

1 Legen Sie je ein vorderes und ein hinteres Hosenbeinteil rechts auf rechts aufeinander und stecken Sie die Beininnen- und -außennähte. Achten Sie darauf, dass die Markierungen aufeinanderliegen. Die Nähte steppen, die Nahtzugaben zurückschneiden und mit Zickzackstichen, einer Overlockmaschine oder Zackenschere versäubern. Die Nahtzugaben auseinander- oder nach hinten bügeln.

TIPP

Sobald die Hosenbeine zusammengenäht sind, lassen sich Vorder- und Hinterteil kaum noch unterscheiden. Markieren Sie die Rückseite der Hosenbeine mit einer Sicherheitsnadel, bis Sie den Bund fertiggestellt haben.

2 Ein Hosenbein auf rechts wenden und in das andere Hosenbein stecken, sodass die ineinandergesteckten Hosenbeine rechts auf rechts liegen. Die Schrittnaht stecken: Markierungen aufeinander und Bundkanten bündig. Die Schrittnaht schließen – achten Sie darauf, dass Sie nur zwei und nicht vier Lagen Stoff aufeinandernähen. Nahtzugaben zurückschneiden und versäubern, die Nähte auseinander- oder zu einer Seite bügeln.

BUND NÄHEN

3 Die Bundkante der Hose 1,5 cm nach links umbügeln. Die eingeschlagene Kante noch einmal 3,5 cm umbügeln und feststecken.

4 Der glatte Teil des Bunds bleibt zunächst offen. Schauen Sie zunächst in der Maßtabelle für den Bund nach, wie breit die Öffnung für Ihre Größe sein muss. Messen Sie die Strecke auf beiden Seiten der vorderen Schrittnaht ab, und markieren Sie beide Enden der Öffnung mit Stecknadeln. Alle Nadeln zwischen diesen beiden Stecknadeln entfernen.

5 Den Bund zwischen den mit Stecknadeln markierten Enden der Öffnung 3 cm unterhalb der Kante absteppen (siehe Seite 34). Die Naht an beiden Enden (auf Höhe der Stecknadeln) mit Rückstichen verriegeln.

6 Das Gummiband auf die passende Länge schneiden (siehe Maßtabelle Bund, Seite 43) und an beiden Enden eine große Sicherheitsnadel befestigen. Eine Sicherheitsnadel neben einem Ende des Tunnels an die Innenseite der Hose stecken und das Gummiband mithilfe der anderen Nadel durch den Tunnel fädeln.

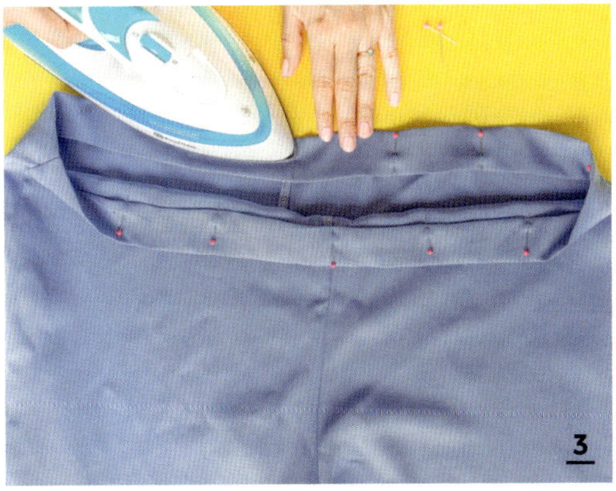
3

4

5

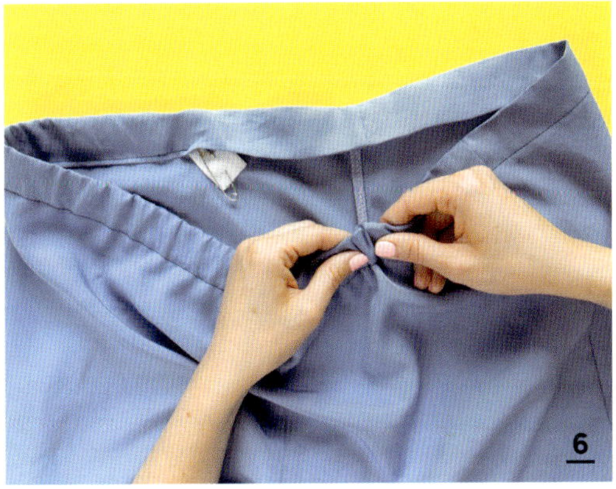
6

7 Überprüfen Sie, ob das Gummiband sich nicht verdreht hat, ziehen Sie beide Enden jeweils etwa 1cm aus dem Tunnel heraus, und fixieren Sie sie mit Sicherheitsnadeln. Den Stoff glatt streichen und die Gummibänder an beiden Enden durch beide Stofflagen auf den Tunnel steppen. Die Naht sorgfältig verriegeln.

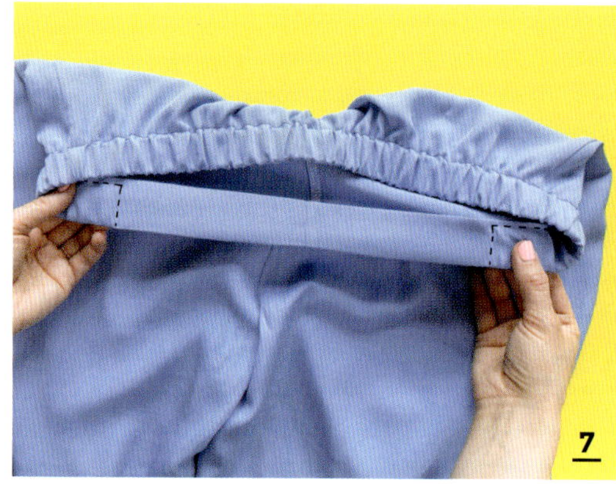

TIPP FÜR DIE ANPROBE

Probieren Sie die Hose an, und prüfen Sie, ob der Bund passt. Er sollte etwa 3,5cm unterhalb der Taille sitzen. Wenn die Hose zu weit ist, trennen Sie eine Naht wieder auf, schneiden das Gummiband auf die passende Länge, und steppen es wieder fest.

8 Die offene Bundkante an die Innenseite der Hose stecken und 3cm unterhalb der Oberkante feststeppen.

NEHMEN SIE SICH ZEIT

Wenn Sie feststellen, dass der Bund beim Tragen der Hose unschöne Wülste bildet, können Sie ihn rund um die Taille mit Zickzackstichen auf das Gummiband steppen.

HOSENBEINE SÄUMEN

NEHMEN SIE SICH ZEIT
Die Säume 2,5 cm nach links einschlagen und feststecken. Die Hose anprobieren und die Säume bei Bedarf auf die gewünschte Länge kürzen.

9

10

9 Die Saumkanten 1 cm nach innen umschlagen und bügeln. Die umgebügelte Kante noch einmal 1,5 cm umschlagen, bügeln und feststecken.

10 Die Säume mit 1 cm Saumzugabe feststeppen.

Die Hose bügeln und schon mal die nächste Version planen.

ZEIGEN SIE UNS IHRE PROJEKTE!

@TillyButtons

#SewingSafiya

#MakeItSimpleBook

TIPP ZUM SÄUMEN
Wenn Sie eine Overlockmaschine haben, brauchen Sie den Saum nicht doppelt einzuschlagen. Einfach die Kante versäubern, 2,5 cm umschlagen und mit 2 cm Nahtzugabe steppen.

KURZ UND KNAPP

Wenn nicht anders angegeben, rechts auf rechts mit einer Nahtzugabe von 1,5 cm nähen.

STECKEN

- ☐ Vordere auf hintere Hosenbeine an den Beininnen- und -außennähten
- ☐ Vordere auf hintere Hosenbeine an den Beininnen- und -außennähten

STEPPEN

- ☐ Beininnen- und -außennähte

NAHTZUGABEN ZURÜCKSCHNEIDEN

- ☐ An Beininnen- und -außennähten

NAHTZUGABEN VERSÄUBERN

- ☐ An Beininnen- und -außennähten

BÜGELN

- ☐ Nahtzugaben der Beininnen- und -außennähte auseinander oder nach hinten

STECKEN

- ☐ Schrittnaht

STEPPEN

- ☐ Schrittnaht

NAHTZUGABEN ZURÜCKSCHNEIDEN

- ☐ Schrittnaht

NAHTZUGABEN VERSÄUBERN

- ☐ Schrittnaht

BÜGELN

- ☐ Nahtzugaben der Schrittnaht auseinander oder zu einer Seite
- ☐ Bundkante 1,5 cm, dann 3,5 cm nach innen – stecken, vorne nicht schließen (siehe Tabelle Seite 43)
- ☐ Hosenbeinsäume 1 cm, dann 3,5 cm nach innen

STEPPEN

- ☐ Bundnaht 3 cm unterhalb der Kante bis zur Markierung der Öffnung; Gummiband durch den Tunnelzug fädeln, die Enden 10 mm außerhalb feststecken und feststeppen
- ☐ Vordere Bundöffnung
- ☐ Hosenbeinsäume, mit 1 cm Saumzugabe

VARIATIONSMÖGLICHKEIT

NAHTTASCHEN

ZUSÄTZLICHER ZEITBEDARF: 20 MINUTEN

Warum? Weil Taschen so beliebt sind. Ob Sie etwas in ihnen verstauen oder nur lässig mit den Händen darin posieren möchten – mit diesen Nahttaschen wird Safiya sich zu einer Ihrer Lieblingshosen mausern. Die Taschenteile werden vor dem Zusammensetzen der Hosenbeine an die Seitenkanten gesteppt. Die Taschen eignen sich auch für den Jumpsuit (siehe Seite 52). Für den kurzen Playsuit (siehe Seite 62) sind sie allerdings zu tief.

MATERIAL

Alle Materialien, die Sie für den Grundschnitt benötigen (siehe Seite 42), plus:

- □ 50 cm Stoff (auf Wunsch in einer Kontrastfarbe)
- □ 2 cm Bügeleinlage (wenn Sie Jersey verwenden)

ZUSCHNEIDEN

Die Hose und zusätzlich 4 Taschenteile zuschneiden. Die Markierungen mit einem Kreidestift oder einem auswaschbaren Stift auf die Schnitteile übertragen (die Kanten werden vor dem Steppen versäubert, sodass Einschnitte in die Nahtzugaben später nicht mehr zu sehen sind).

NEHMEN SIE SICH ZEIT

Wenn Sie die Hose aus einem locker fallenden Jersey oder einem vergleichbaren Stoff nähen, bügeln Sie auf Höhe der Tascheneingriffe einen 2 cm breiten Streifen Einlage auf die Außenkanten der Hosenbeinteile, damit die Taschen später nicht ausleiern.

TASCHEN AUFNÄHEN

1 Vor dem Zusammennähen der Hosenbeine die Außen- und Innenkanten aller vier Hosenbeinteile mit Zickzackstichen oder einer Overlocknaht versäubern, ohne die Nahtzugaben zurückzuschneiden. Die äußeren Kanten der Taschenteile genauso versäubern.

2 Jeweils ein Taschenteil rechts auf rechts so auf ein Beinvorderteil legen, dass die Markierungen aufeinandertreffen und die Seitenkante bündig mit der Seitenkante des Hosenbeins abschließt. Bei der Hose Safiya sollte die Taschenoberkante 7 cm unterhalb der Bundkante liegen (siehe Schrittfoto rechts), beim Jumpsuit hingegen bündig zur Oberkante. Die Taschenteile auf die vorderen Hosenbeine stecken und mit 1 cm Nahtzugabe aufsteppen. Die beiden anderen Taschenteile auf die gleiche Weise an die hinteren Hosenbeine steppen.

3 Taschenteile und Nahtzugaben nach außen klappen (von den Hosenbeinen weg) und die Taschenteile dicht neben der Naht untersteppen (siehe Seite 35). So wölbt sich der Tascheneingriff später nicht nach außen.

HOSENBEINE VERBINDEN

4 Die Vorderteile der Hosenbeine rechts auf rechts auf die Rückteile legen und die Taschenteile nach außen klappen. Die Seitenkanten oberhalb und unterhalb der Tasche sowie die Außenkante der Tasche stecken. Beim Schließen der Hosennaht von oben bis 2 cm unterhalb der Taschenoberkante steppen und die Naht sorgfältig verriegeln. Die Taschenteile ab der oberen äußeren Ecke zusammensteppen. Die Naht 1,5 cm in das Hosenbein fortführen, das Hosenbein unter der Maschine drehen und die Seitennaht unterhalb der Tasche schließen. (Taschenoberkante und Beininnennähte bleiben offen.)

5 Die Hosenbeine links auf links zusammenklappen, sodass die Tasche zwischen Vorder- und Rückteil liegt. Die Seitennähte der Taschen 5 mm nach innen bügeln, sodass die Bügelfalten bündig mit der Seitennaht liegen.

6 Die Hosenbeine wieder aufklappen und die Taschenoberkanten an die Vorderteile stecken: bei der Hose Safiya 7 cm unterhalb der Bundkante, beim Jumpsuit bündig zur Oberkante. Die Taschenoberkanten mit 1 cm Nahtzugabe auf die Beinvorderteile steppen.

7 Die Hosenbeine rechts auf rechts zusammenklappen, die Beininnennähte stecken und steppen. Die Nahtzugaben zurückschneiden, versäubern und auseinander- oder nach hinten bügeln. Die Nahtzugaben der Rückteile oberhalb und unterhalb der Tasche einschneiden und auseinanderbügeln.

8 Die Hose fertigstellen, wie ab Schritt 2 auf Seite 44 beschrieben.

4

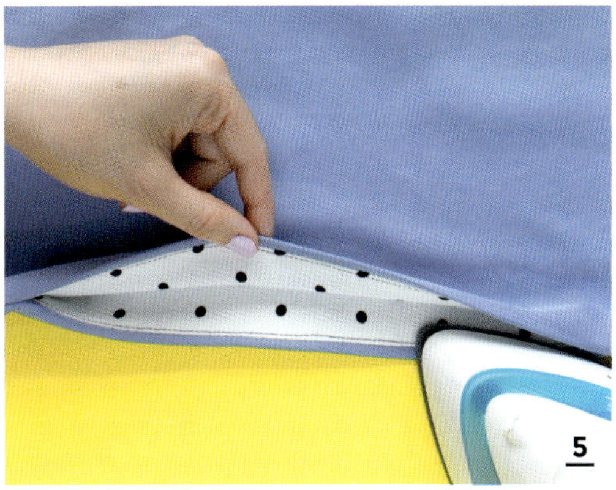

5

6

7

VARIATIONSMÖGLICHKEIT

LEGERER JUMPSUIT

ZUSCHNEIDEDAUER: 30 MINUTEN
NÄHZEIT: 2,5 STUNDEN

Solch legere Jumpsuits sind in London gerade der letzte Schrei, und jedes Mal wenn ich jemanden darin sehe, werde ich neidisch. Die Hose ist etwas aufwendiger konstruiert als der Grundschnitt, denn das Oberteil hat kleine Brustabnäher und einen Beleg, doch weil sie keine Verschlüsse besitzt, ist sie dennoch relativ schnell fertig. Ein cooles, bequemes Kleidungsstück, das Sie im Sommer mit Ihrem Lieblings-T-Shirt oder im Herbst mit einem Rollkragenpulli tragen können. Beim Schreiben dieses Buches habe ich praktisch nichts anderes angehabt.

MATERIAL

Größe 1–4:

- □ 230 cm Stoff, 150 cm breit

Größe 5–10:

- □ 260 cm Stoff, 150 cm breit

Oder Größe 1–3:

- □ 250 cm Stoff, 115 cm breit

Größe 4–10:

- □ 300 cm Stoff, 115 cm breit

Alle Größen:

- □ Nähgarn in passender Farbe
- □ 30 cm Einlage zum Aufbügeln
- □ Handnähnadel

TIPP FÜR DIE ANPROBE

Wenn Ihr Oberkörper so schmal ist, dass Sie das Oberteil eigentlich eine Größe kleiner nähen müssten als die Hose, verzichten Sie in diesem Fall auf das Anpassen des Schnittmusters, sonst bekommen Sie den Jumpsuit später möglicherweise nicht an. Um auszuprobieren, was geht, steigen Sie nach dem Schließen der Seitennähte einfach in den Beleg und ziehen sie ihn über die Hüften (je weicher sie sind, umso leichter geht es). Lässt er sich problemlos nach oben streifen, können Sie das Oberteil etwas enger machen. Wenn nicht, tragen Sie es mit Humor, oder arbeiten Sie an der Seitennaht einen Reißverschluss ein.

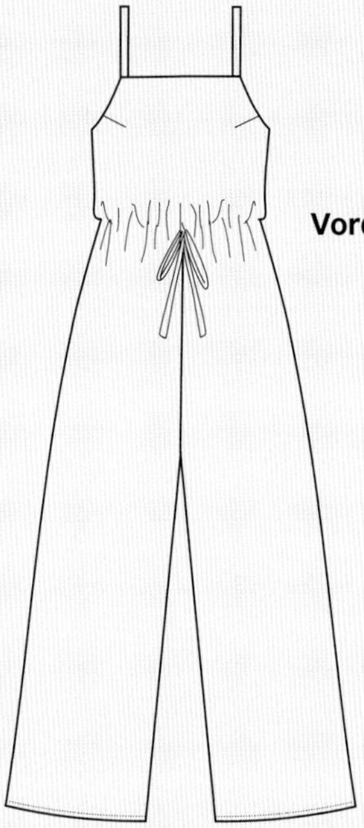

Vorderseite

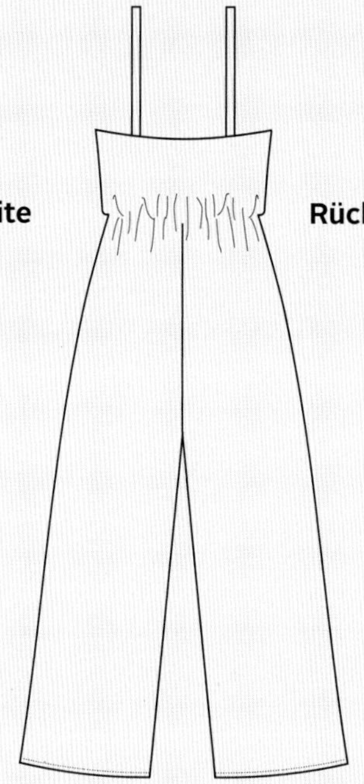

Rückseite

GRÖSSENTABELLE

Körpermaße

GRÖSSE		BRUST-UMFANG	TAILLEN-UMFANG	HÜFT-UMFANG
1	UK 6 US 2 EUR 34	76 cm	61 cm	84 cm
2	UK 8 US 4 EUR 36	81 cm	66 cm	89 cm
3	UK 10 US 6 EUR 38	86,5 cm	71 cm	94 cm
4	UK 12 US 8 EUR 40	91,5 cm	76 cm	99 cm
5	UK 14 US 10 EUR 42	96,5 cm	81 cm	104 cm
6	UK 16 US 12 EUR 44	101,5 cm	86,5 cm	109 cm
7	UK 18 US 14 EUR 46	106,5 cm	91,5 cm	114 cm
8	UK 20 US 16 EUR 48	112 cm	96,5 cm	119,5 cm
9	UK 22 US 18 EUR 50	117 cm	101,5 cm	124,5 cm
10	UK 24 US 20 EUR 52	122 cm	106,5 cm	129,5 cm

Maße des fertigen Kleidungsstücks

GRÖSSE		TAILLEN-UMFANG	HÜFT-UMFANG	BEININNEN-LÄNGE
1	UK 6 US 2 EUR 34	87 cm	90 cm	64,5 cm
2	UK 8 US 4 EUR 36	92 cm	95 cm	64,5 cm
3	UK 10 US 6 EUR 38	97 cm	100 cm	64,5 cm
4	UK 12 US 8 EUR 40	102 cm	105 cm	64,5 cm
5	UK 14 US 10 EUR 42	107 cm	110 cm	64,5 cm
6	UK 16 US 12 EUR 44	112 cm	115 cm	64,5 cm
7	UK 18 US 14 EUR 46	117 cm	120 cm	64,5 cm
8	UK 20 US 16 EUR 48	122 cm	125 cm	64,5 cm
9	UK 22 US 18 EUR 50	127 cm	130 cm	64,5 cm
10	UK 24 US 20 EUR 52	132 cm	135 cm	64,5 cm

ZUSCHNEIDEN

Schneiden Sie folgende Teile zu:

- ☐ **Vorderes Hosenbein** – 2x zuschneiden
- ☐ **Hinteres Hosenbein** – 2x zuschneiden
- ☐ **Jumpsuit Latz** – 1x im Stoffbruch zuschneiden
- ☐ **Jumpsuit Rückenteil** – 1x im Stoffbruch zuschneiden
- ☐ **Jumpsuit Vorderer Beleg** – 1x aus Stoff im Stoffbruch und 1x aus Einlage zuschneiden
- ☐ **Jumpsuit Hinterer Beleg** – 1x aus Stoff im Stoffbruch und 1x aus Einlage zuschneiden
- ☐ **Jumpsuit Träger** – 2x zuschneiden

Die Pfeilmarkierungen auf der linken Seite des Latzes einzeichnen. Weitere Infos zum Zuschneiden und Markieren von Stoff finden Sie auf Seite 26–28.

Stoffbreite 150 cm

Größe 1–4

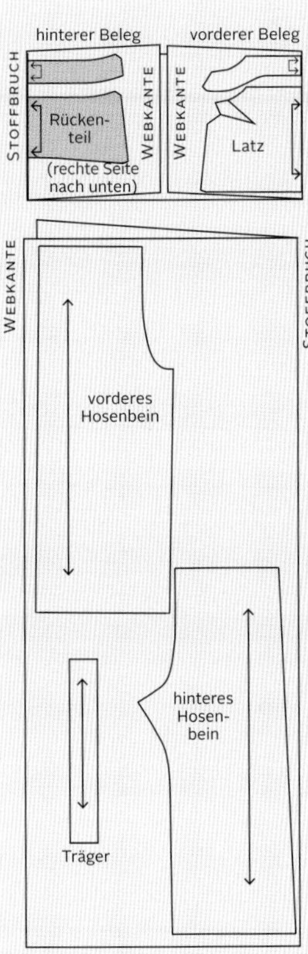

Größe 5–10

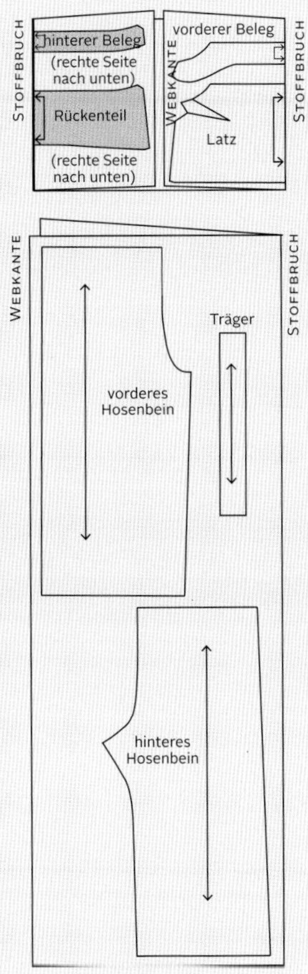

Stoffbreite 115 cm

Größe 1–3

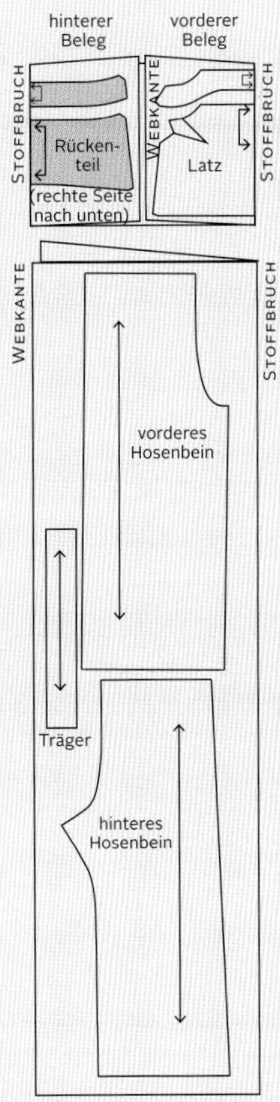

Größe 4–10

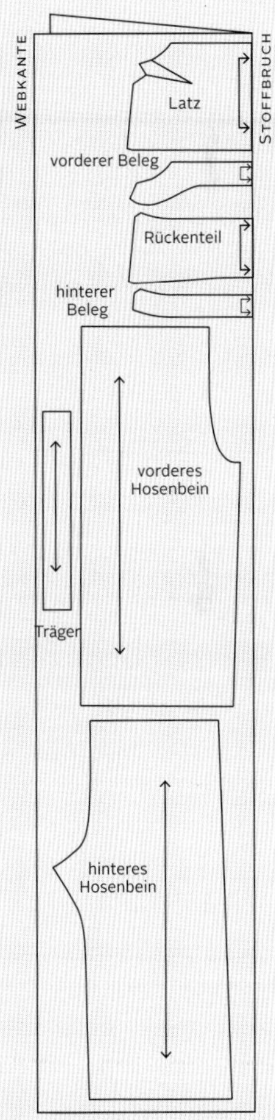

BELEG ZUSAMMENSETZEN

1 Die Einlage mit der beschichteten Seite nach unten auf die linke Seite der Belege legen und ohne Dampf aufbügeln. Hierfür mit dem Bügeleisen unter Druck mehrfach langsam über die Einlage gleiten (siehe Seite 31).

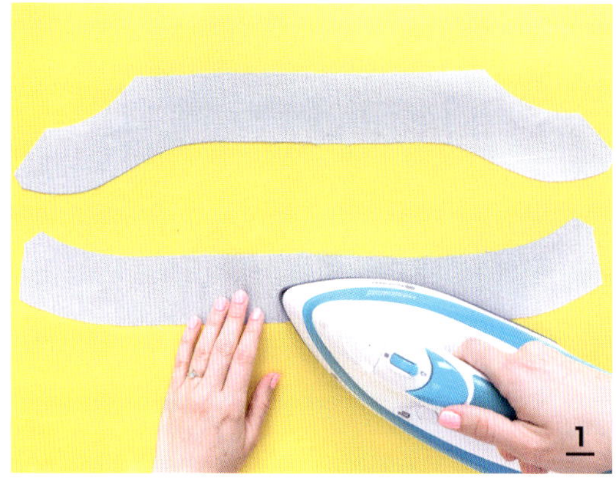

2 Die Belege rechts auf rechts aufeinanderlegen, an den Seiten stecken und steppen. Die Nahtzugaben zurückschneiden und auseinanderbügeln (sie müssen nicht versäubert werden). Die Unterkante des Belegs mit Zickzackstichen, einer Overlockmaschine oder Zackenschere versäubern.

OBERTEIL NÄHEN

3 Die Abnäher am Vorderteil rechts auf rechts entlang der Markierungslinien stecken. Arbeiten Sie genau, und kontrollieren Sie, ob die Nadeln auf beiden Seiten exakt auf der Linie stecken.

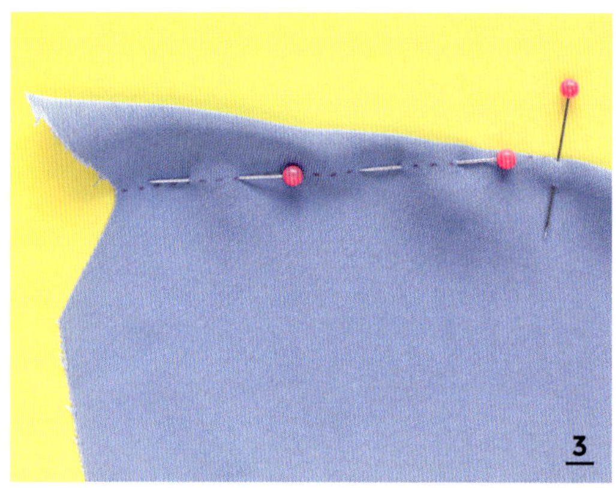

> **TIPP**
> Die Abnäher werden von außen (der Seitenkante) nach innen genäht. Deshalb sollten Sie die Nadeln so stecken, dass die Spitzen nach außen zeigen. An der Abnäherspitze eine Nadel quer zur Nahtlinie einstecken, damit Sie beim Steppen sehen, wo die Naht endet.

4 Die Abnäher steppen. Den Nahtanfang verriegeln, am Ende der Naht die Stichlänge auf 1 mm verringern (das verhindert das Aufgehen der Naht, ohne verriegeln zu müssen). Die Abnäher nach unten bügeln.

5 Rückenteil und Latz rechts auf rechts aufeinanderlegen und die Seitennähte stecken. Achten Sie darauf, dass alle Markierungen exakt aufeinandertreffen. Steppen, Nahtzugaben zurückschneiden und mit Zickzackstichen, einer Overlockmaschine oder Zackenschere versäubern. Die Nahtzugaben auseinander- oder nach hinten bügeln.

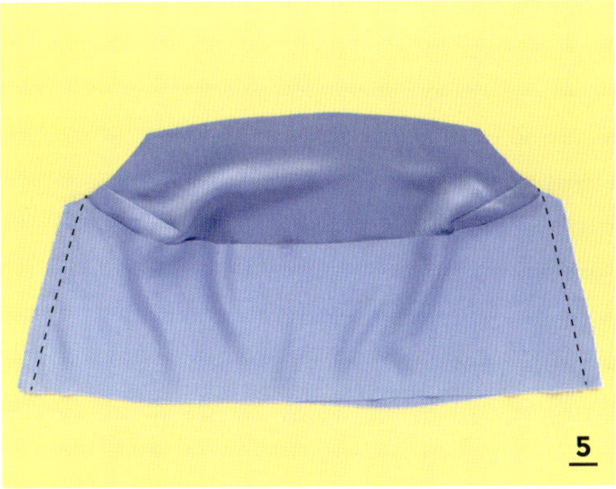
5

HOSENBEINE NÄHEN UND AM OBERTEIL BEFESTIGEN

6 Die Hosenbeine wie in Schritt 1 und 2 auf Seite 44 beschrieben zusammensetzen (ohne den Tunnel und die Säume zu steppen). Das Oberteil in der Mitte falten, sodass die Seitennähte exakt aufeinanderliegen. Die Unterkante des Falz (dort sitzt später die Taillennaht) auf Latz und Rückenteil mit einer Stecknadel oder einem kleinen Einschnitt markieren (das ist die vordere und hintere Mitte). Das Oberteil rechts auf rechts über die Hose streifen und die Taillennaht stecken. Darauf achten, dass die Seitennähte aufeinander- und die Markierungen für die vordere und hintere Mitte genau auf der Schrittnaht liegen. Die Naht steppen, Nahtzugaben zurückschneiden, versäubern und auseinanderbügeln.

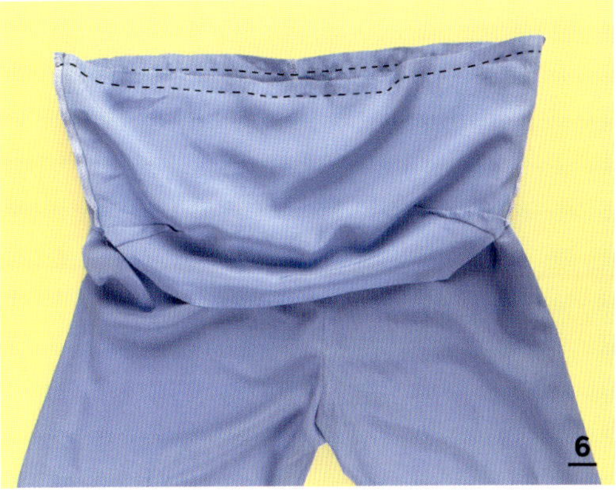
6

TRÄGER NÄHEN

7 Die Trägerstreifen der Länge nach mittig rechts auf rechts falten und bügeln. Die offenen Kanten zusammensteppen (siehe Tipp, Seite 58). Nahtzugaben zurückschneiden, die Träger wenden, flach bügeln und auf beiden Längsseiten knappkantig absteppen (siehe Seite 30).

7

TIPP: SCHMALE STOFFSCHLÄUCHE NÄHEN UND WENDEN

Schmale Stoffschläuche von links auf rechts zu wenden, kann ohne Schlaufenwender zu einer ziemlichen Fummelei werden. Relativ einfach geht es, wenn Sie schon beim Zusammennähen des Stoffstreifens zwei längere Garnfäden mitführen ...

1

2

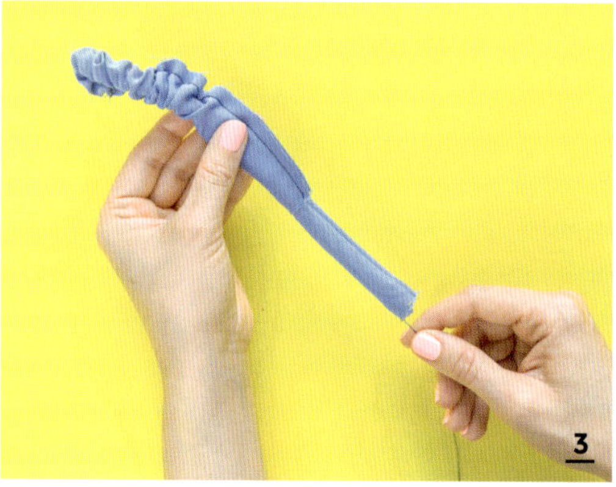

3

1 Ober- und Unterfaden so weit unter dem Nähfuß hervorziehen, dass sie etwa 5 cm länger sind als der Stoffstreifen. Den Streifen auseinanderklappen und mit der rechten Stoffseite nach oben so auf den Anschiebetisch legen, dass die rechte Längskante bündig zur 1,5-cm-Markierung für die Nahtzugabe und die Schmalkante direkt unter der Nadel liegt. Die Nadel senken, um den Stoff zu fixieren.

2 Den Streifen entlang der eingebügelten Falte zusammenklappen, sodass die Außenkanten aufeinander- und die langen Fäden zwischen den Stofflagen liegen. Den Nähfuß heben und erneut senken und die Längsnaht steppen. Anfang und Ende der Naht mit Rückstichen verriegeln. Beim Steppen die losen Fäden in Richtung Falte ziehen, damit sie nicht von der Nadel erfasst werden.

3 Die Nahtzugaben zurückschneiden. Um den Schlauch zu wenden, vorsichtig an den beiden heraushängenden Fäden ziehen. Wahrscheinlich müssen Sie zu Beginn etwas nachhelfen, indem Sie das eine Ende des Schlauchs nach innen stopfen. Den Stoff unter Zuhilfenahme beider Hände durch den Tunnel ziehen. Den Träger flach bügeln und den zweiten Träger genauso anfertigen.

TRÄGER UND BELEG ANNÄHEN

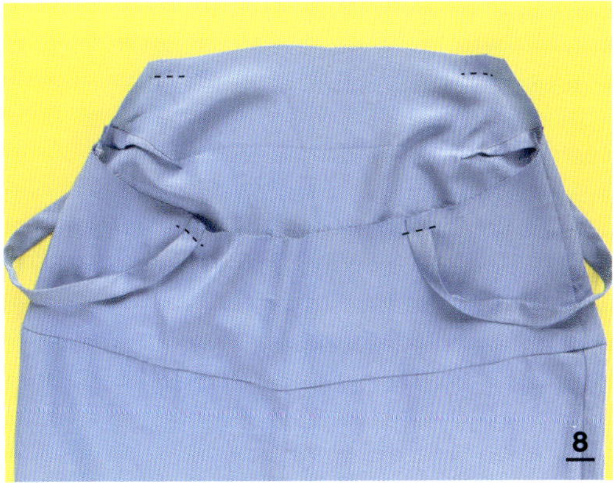

8 Die Träger von rechts zwischen den Markierungen auf den Latz legen, die Kanten bündig ausrichten und stecken. Die Träger nach hinten falten, ohne sie zu verdrehen, und zwischen den Markierungen bündig zur Oberkante an das Rückenteil stecken. Die Träger 1,4 cm unterhalb der Kante aufsteppen. Zur Verstärkung innerhalb der Nahtzugaben eine zweite Naht steppen.

NEHMEN SIE SICH ZEIT

Probieren Sie die Latzhose über einem T-Shirt oder einem Pullover an, und korrigieren Sie bei Bedarf die Länge der Träger. Dabei müssen Sie berücksichtigen, dass das Oberteil durch das Ansteppen des Belegs noch 1,5 cm kürzer wird. Auch im Sitzen sollten die Träger weder zwacken noch herunterrutschen.

9 Das Oberteil sowie den Beleg auf links wenden und in der Mitte falten, sodass die Seitennähte aufeinanderliegen. Den Falz am oberen Ende von Latz und Rückenteil mit einer Stecknadel oder einem kleinen Einschnitt markieren. Den Beleg so in das Oberteil schieben, dass beide rechts auf rechts liegen, und an der Oberkante feststecken. Dabei darauf achten, dass Seitennähte und Markierungen exakt aufeinandertreffen. Den Beleg mit der Belegseite nach oben aufsteppen.

10 Die Nahtzugaben zurückschneiden und an den Ecken des Latzes schräg zurückschneiden. Beleg und Nahtzugaben nach außen klappen (oder bügeln, falls nötig) und den Beleg so weit wie möglich untersteppen (siehe Seite 35). Die Latzhose auf rechts wenden, den Beleg nach innen falten und die Träger herausziehen.

11 Den Beleg nach innen schieben und in die Ausschnittkante bügeln, damit die Nahtkante von rechts nicht zu sehen ist. Die Unterkante des Belegs feststecken und mit der Belegseite nach oben 3,5 cm neben der gewendeten Nahtkante feststeppen. Die Latzhose erneut anprobieren und die Hosenbeine in der gewünschten Länge säumen, wie in Schritt 9 und 10 auf Seite 47 beschrieben.

11

BINDEBAND NÄHEN UND GÜRTELSCHLAUFEN HÄKELN

12 Für das Bindeband einen Stoffstreifen in der Länge Ihres Taillenumfangs plus ca. 120 cm zuschneiden – oder zwei halb so lange Streifen zusammensteppen. Das Band nähen und wenden, wie auf Seite 58 beschrieben. Die unversäuberten Enden jeweils etwa 10 mm nach innen schieben und die Kante knappkantig absteppen. (Hierbei könnte eine kleine Unterlage hilfreich sein – siehe Tipp auf Seite 121). Das Band entlang beider Längskanten absteppen.

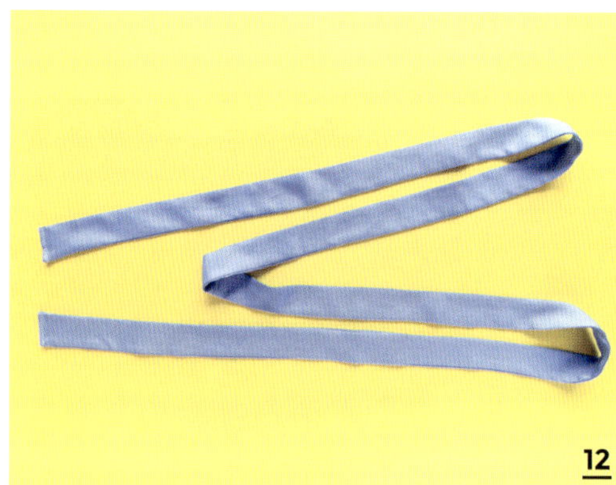

12

13 Die Gürtelschlaufen für das Bindeband werden aus Kettmaschen mit der Hand gehäkelt. Wenn Sie das noch nie gemacht haben, brauchen Sie zunächst vielleicht etwas Geduld, doch sobald Sie verstanden haben, wie es geht, häkelt es sich überraschend schnell.

Schneiden Sie einen langen Garnfaden ab (Seidengarn ist besonders reißfest), legen Sie ihn doppelt, fädeln Sie die Schlaufe durch eine Handnähnadel, und verknoten Sie die Enden doppelt oder dreifach. Das Garn liegt nun vierfach.

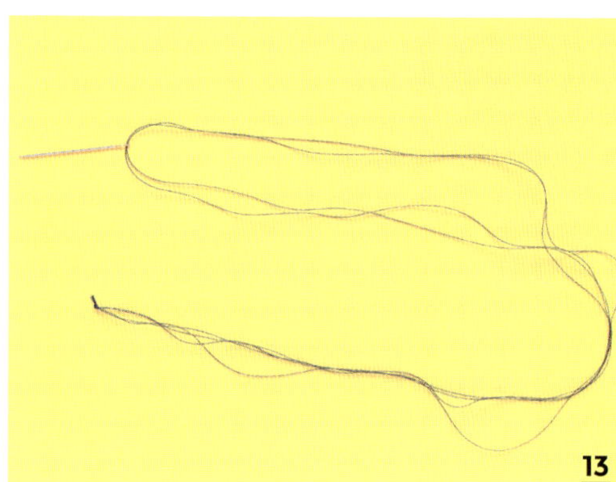

13

14 Sichern Sie das Fadenende auf Höhe der Taillennaht durch ein paar Stiche in die Nahtzugaben der Seitennaht. Dann die Nadel nach rechts aus- und dann wieder einstechen. Die entstandene Schlaufe beim nächsten Ausstechen mit einer Hand aufhalten. Die andere Hand hält die Nadel.

15 Fassen Sie durch die Schlaufe, und ziehen Sie den Faden mit der Nadel durch, sodass eine zweite Schlaufe entsteht. Die Schlaufe festziehen.

16 Auf diese Weise fortfahren, bis Sie eine etwa 6 cm lange Kette gehäkelt haben. Die Nadel durch die Schlaufe führen und den Faden festziehen. Die Nadel durch die Seitennaht der Hose nach links stechen, und das Fadenende fest verknoten. Auf der anderen Seite auf dieselbe Weise eine zweite Schlaufe häkeln.

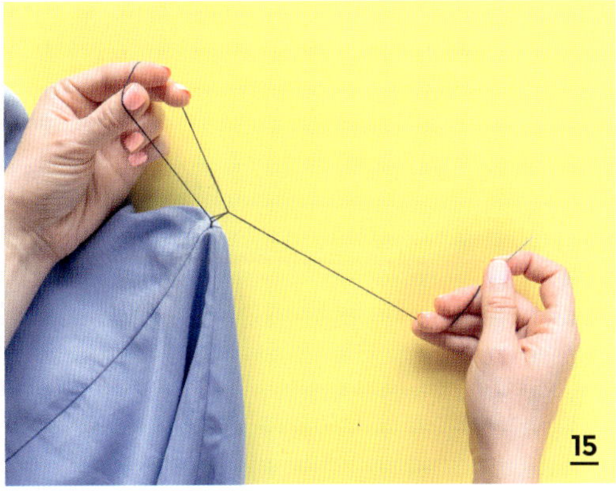

VARIATIONSMÖGLICHKEIT

KURZER PLAYSUIT IN WICKELOPTIK

ZUSCHNEIDEDAUER: 30 MINUTEN
NÄHZEIT: 2,5 STUNDEN

Jetzt kann die Urlaubszeit kommen! Dieser stylische Einteiler hat ein raffiniertes Oberteil mit einem weiten Ausschnitt, in den Sie einfach hineinschlüpfen können. Die angeschnittenen Ärmel wirken aus etwas festerem Stoff besonders spektakulär, und die locker fallenden, leicht ausgestellten Shorts sorgen für einen supersüßen Look.

MATERIAL

Größe 1–4:

- □ 180 cm Stoff, 150 cm breit

Größe 5–10:

- □ 230 cm Stoff, 150 cm breit

Oder Größe 1–3:

- □ 210 cm Stoff, 115 cm breit

Größe 4–10:

- □ 290 cm Stoff, 115 cm breit

Alle Größen:

- □ Nähgarn in passender Farbe
- □ 60 cm Einlage zum Aufbügeln
- □ 25 mm breites Gummiband – Länge siehe Maßtabelle für Taillenbund auf Seite 64
- □ 2 große Sicherheitsnadeln
- □ Optional: Druckknopf

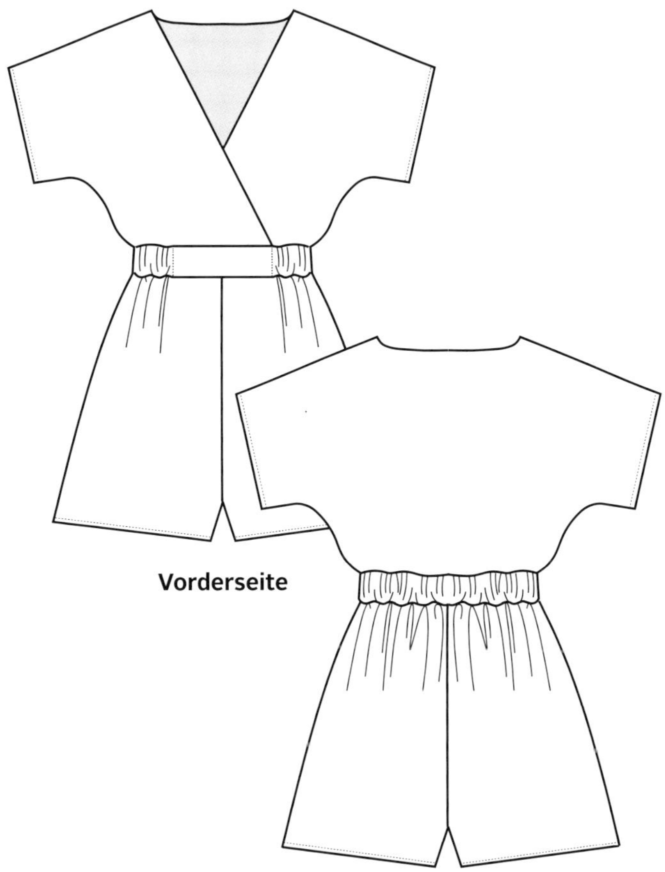

Vorderseite

Rückseite

GRÖSSENTABELLE

Körpermaße

GRÖSSE		BRUST-UMFANG	TAILLEN-UMFANG	HÜFT-UMFANG
1	UK 6 US 2 EUR 34	76cm	61cm	84cm
2	UK 8 US 4 EUR 36	81cm	66cm	89cm
3	UK 10 US 6 EUR 38	86,5cm	71cm	94cm
4	UK 12 US 8 EUR 40	91,5cm	76cm	99cm
5	UK 14 US 10 EUR 42	96,5cm	81cm	104cm
6	UK 16 US 12 EUR 44	101,5cm	86,5cm	109cm
7	UK 18 US 14 EUR 46	106,5cm	91,5cm	114cm
8	UK 20 US 16 EUR 48	112cm	96,5cm	119,5cm
9	UK 22 US 18 EUR 50	117cm	101,5cm	124,5cm
10	UK 24 US 20 EUR 52	122cm	106,5cm	129,5cm

Maßtabelle Bund

GRÖSSE		ÖFFNUNG (AB SCHRITTNAHT)	LÄNGE DES GUMMIBANDS
1	UK 6 US 2 EUR 34	11,8cm	36cm
2	UK 8 US 4 EUR 36	12,4cm	39,5cm
3	UK 10 US 6 EUR 38	13cm	43cm
4	UK 12 US 8 EUR 40	13,6cm	46,5cm
5	UK 14 US 10 EUR 42	14,2cm	50cm
6	UK 16 US 12 EUR 44	14,8cm	53,5cm
7	UK 18 US 14 EUR 46	15,4cm	57cm
8	UK 20 US 16 EUR 48	16cm	60,5cm
9	UK 22 US 18 EUR 50	16,6cm	64cm
10	UK 24 US 20 EUR 52	17,2cm	67,5cm

Maße des fertigen Kleidungsstücks

GRÖSSE		BRUST-UMFANG	TAILLEN-UMFANG	HÜFT-UMFANG	BEININNEN-LÄNGE
1	UK 6 US 2 EUR 34	93,5cm	* 87cm	90cm	12,5cm
2	UK 8 US 4 EUR 36	98,5cm	* 92cm	95cm	12,5cm
3	UK 10 US 6 EUR 38	103,5cm	* 97cm	100cm	12,5cm
4	UK 12 US 8 EUR 40	108,5cm	* 102cm	105cm	12,5cm
5	UK 14 US 10 EUR 42	113,5cm	* 107cm	110cm	12,5cm
6	UK 16 US 12 EUR 44	118,5cm	* 112cm	115cm	12,5cm
7	UK 18 US 14 EUR 46	123,5cm	* 117cm	120cm	12,5cm
8	UK 20 US 16 EUR 48	128,5cm	* 122cm	125cm	12,5cm
9	UK 22 US 18 EUR 50	133,5cm	* 127cm	130cm	12,5cm
10	UK 24 US 20 EUR 52	138,5cm	* 132cm	135cm	12,5cm

* Dies entspricht dem Taillenumfang vor dem Einfädeln des Gummibands, mit dem der Hosenbund auf die passende Weite gebracht wird.

ZUSCHNEIDEN

Schneiden Sie folgende Teile zu:

- ☐ **Playsuit vorderes Hosenbein** – 2x zuschneiden
- ☐ **Playsuit hinteres Hosenbein** – 2x zuschneiden
- ☐ **Playsuit vorderes Oberteil** – 2x zuschneiden
- ☐ **Playsuit hinteres Oberteil** – 1x im Stoffbruch zuschneiden
- ☐ **Playsuit vorderer Beleg** – 2x aus Stoff und 2x aus Einlage zuschneiden
- ☐ **Playsuit hinterer Beleg** – 1x aus Stoff im Stoffbruch und 1x aus Einlage zuschneiden

Weitere Infos zum Zuschneiden und Markieren von Stoff finden Sie auf Seite 26–28.

Stoffbreite 150 cm

Größe 1–4 Größe 5–10

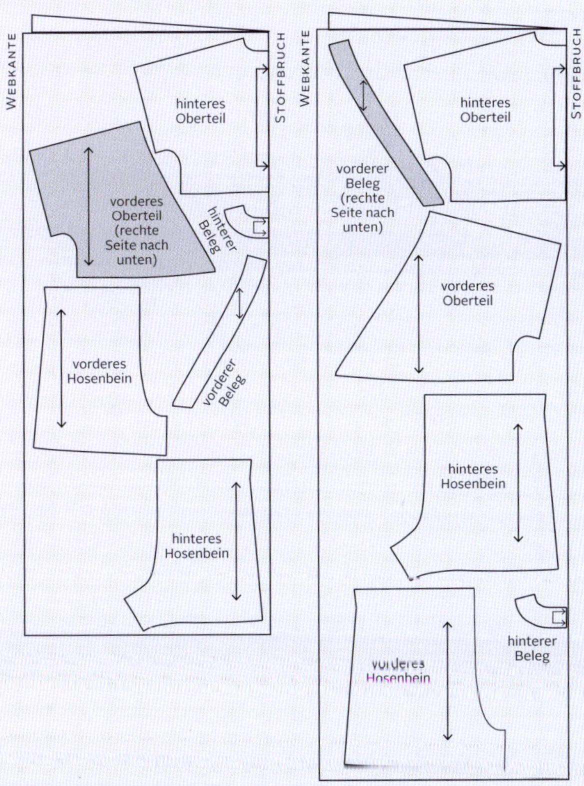

Stoffbreite 115 cm

Größe 1–3 Größe 4–10

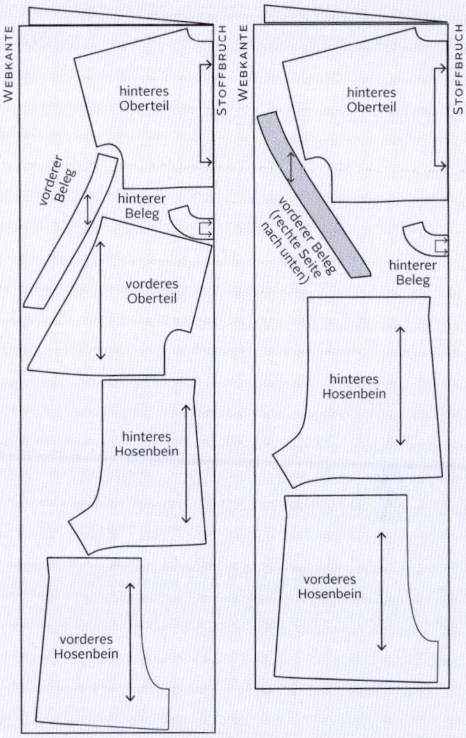

Größe 4–10

VORDERES OBERTEIL AUS EINFACH LIEGENDEM STOFF ZUSCHNEIDEN

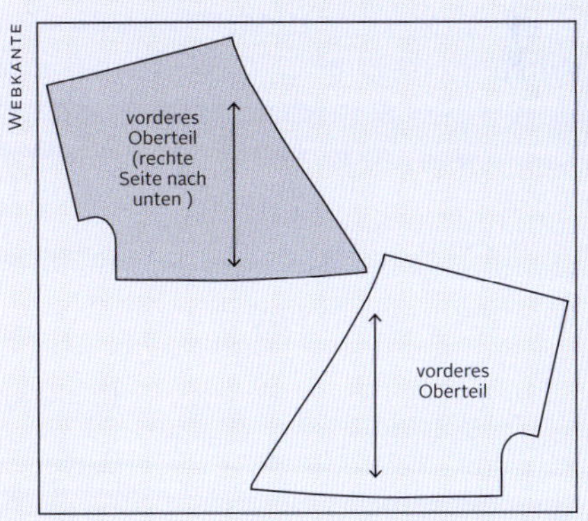

SCHNITTEILE VORBEREITEN

1 Die Einlage mit der beschichteten Seite auf die linke Seite der Belege legen und ohne Dampf aufbügeln. Hierfür mit dem Bügeleisen unter Druck mehrfach langsam über die Einlage gleiten (siehe Seite 31).

2 Alle Ausschnittkanten des Oberteils mit Stütznähten verstärken, damit sie sich nicht dehnen: an den beiden Vorderteilen mit 1 cm Nahtzugabe von der Schulter zur Taille steppen, am Halsausschnitt des Rückenteils mit 1 cm Nahtzugabe jeweils von der Schulter zur Mitte.

SCHULTERNÄHTE SCHLIESSEN

3 Die Vorderteile rechts auf rechts auf das Rückenteil legen und die Schulternähte stecken. Die Markierungen sollten exakt aufeinanderliegen. Die Nähte steppen, die Nahtzugaben zurückschneiden und mit Zickzackstichen, einer Overlockmaschine oder Zackenschere versäubern und auseinander- oder zum Rücken bügeln.

4 Die vorderen Belege rechts auf rechts auf den hinteren Beleg legen, die Schulternähte stecken und steppen.

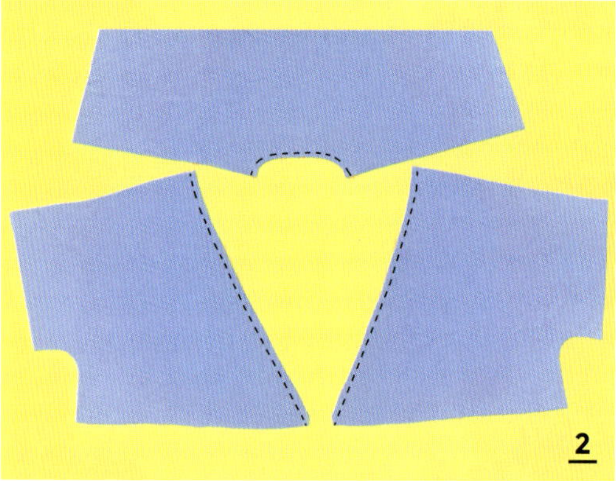

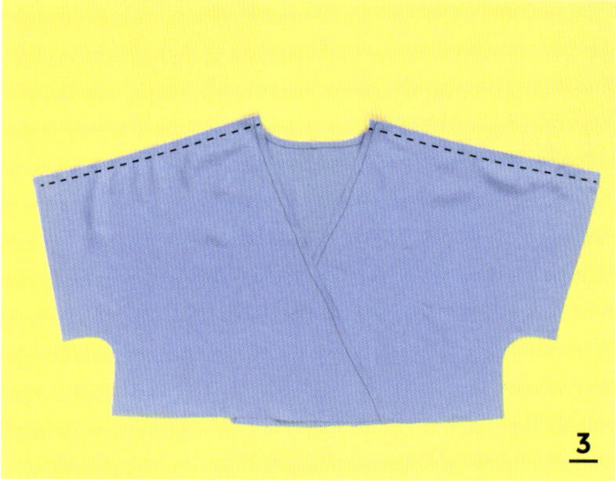

5 Die Nahtzugaben zurückschneiden und auseinanderbügeln. Die Außenkante des Belegs mit Zickzackstichen, einer Overlockmaschine oder Zackenschere versäubern.

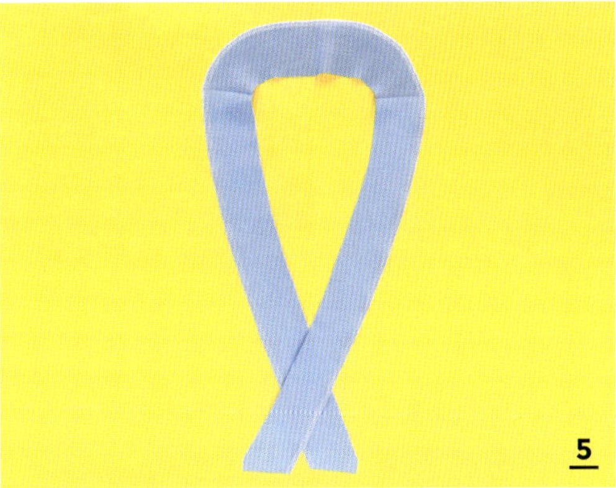

BELEG AN DAS OBERTEIL NÄHEN

6 Das Oberteil aufklappen und mit der rechten Seite nach oben auf den Tisch legen. Den Beleg mit der rechten Seite nach unten auflegen, Markierung auf Markierung und Schulternaht auf Schulternaht. Feststecken und steppen.

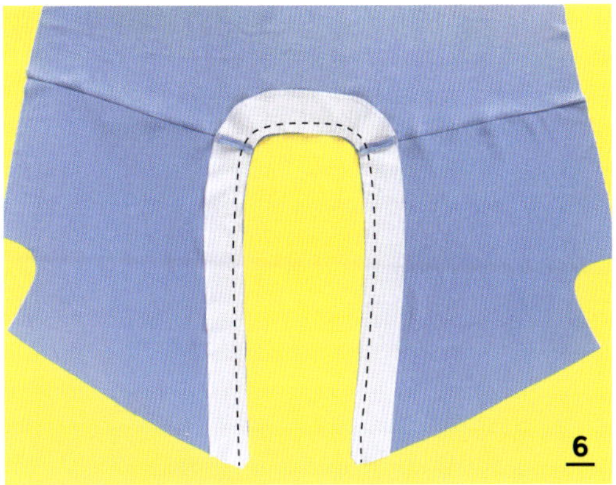

7 Die Nahtzugaben zurückschneiden und in den Rundungen des Halsausschnitts zwei- oder dreimal bis knapp vor die Naht einschneiden (Achtung: Nicht in die Naht schneiden!) – so liegt die Naht schön flach, wenn der Beleg auf rechts gewendet wird (siehe Seite 29).

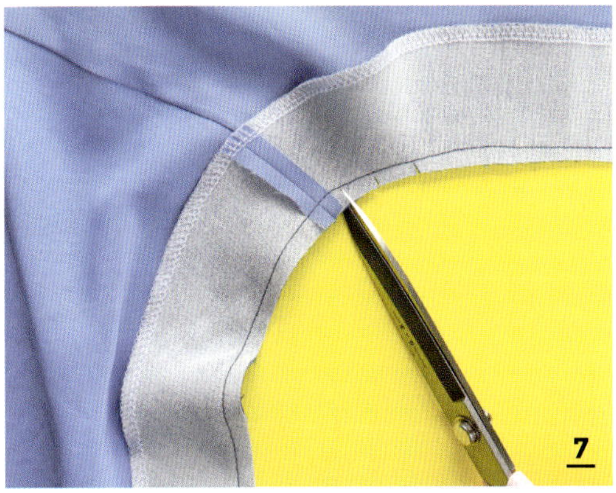

8 Beleg und Nahtzugaben nach außen klappen (oder bügeln, falls erforderlich) und den Beleg untersteppen.

9 Den Beleg wieder nach innen klappen und in den Ausschnitt bügeln. Damit er sich später nicht nach außen schieben kann, nähen Sie ihn mit ein paar Stichen im Nahtschatten der Schulternähte fest (siehe Seite 34) – entweder mit der Maschine (mit dem Oberteil außen) oder von Hand.

9

SEITENNÄHTE SCHLIESSEN

10 Die Vorderteile rechts auf rechts und Markierung auf Markierung auf das Rückenteil legen, sodass sie einander vorne überlappen. Die Seitennähte stecken und steppen. Die Nahtzugaben zurückschneiden, in den Rundungen des Unterarms zwei- oder dreimal bis knapp vor die Naht einschneiden, versäubern und auseinander- oder zum Rücken bügeln.

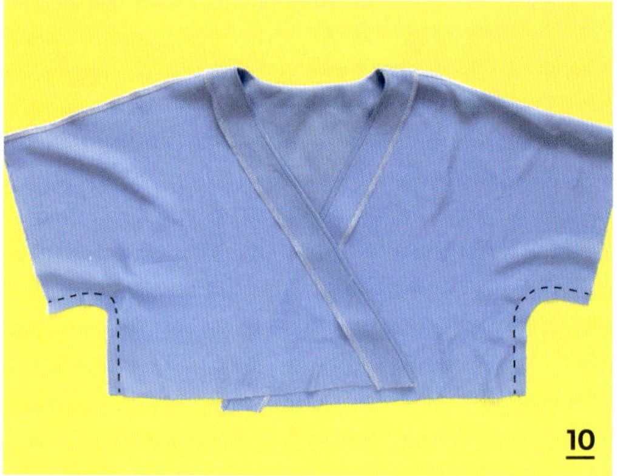
10

HOSENBEINE ZUSAMMENSETZEN

11 Die Hose zusammensetzen. Beininnenähte, Seitennähte und Schrittnaht schließen wie in Schritt 1 und 2 auf Seite 44 beschrieben. Die Oberkante 1,5 cm nach innen umschlagen und bügeln. Die umgebügelte Kante noch einmal 4,5 cm nach innen umschlagen, bügeln und feststecken.

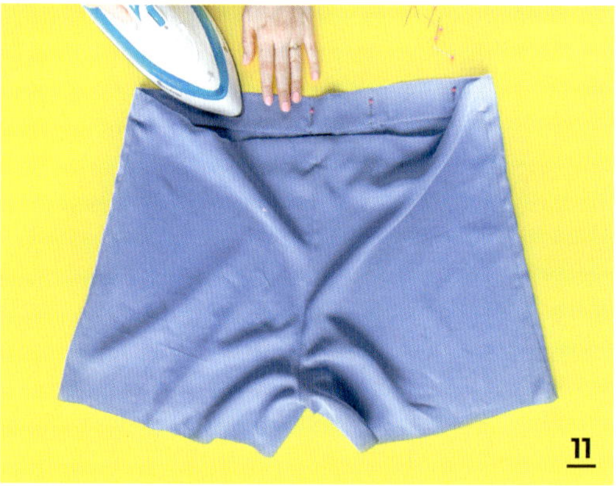
11

12 Der glatte Teil des Tunnels bleibt zunächst offen. Lesen Sie in der Maßtabelle für den Bund die Breite der Öffnung für Ihre Größe ab. Messen Sie die Strecke auf beiden Seiten der Schrittnaht ab und markieren Sie beide Enden der Öffnung mit Stecknadeln. Alle Nadeln dazwischen entfernen. Den Tunnel zwischen den mit Stecknadeln markierten Enden der Öffnung 4 cm unterhalb der Taillenkante absteppen (siehe Seite 34). Die Naht an beiden Enden mit Rückstichen verriegeln.

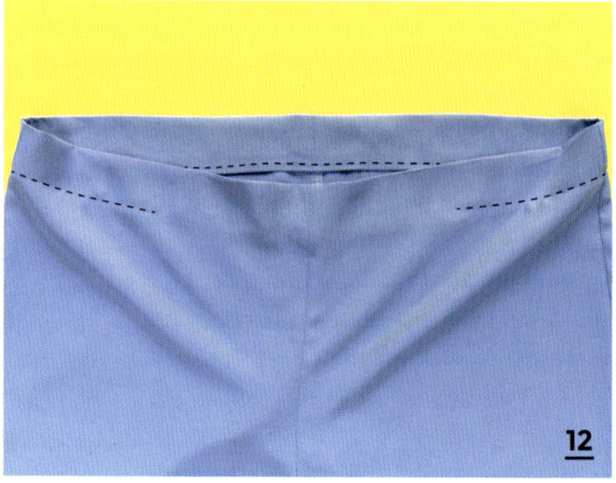
12

OBERTEIL UND HOSE VERBINDEN

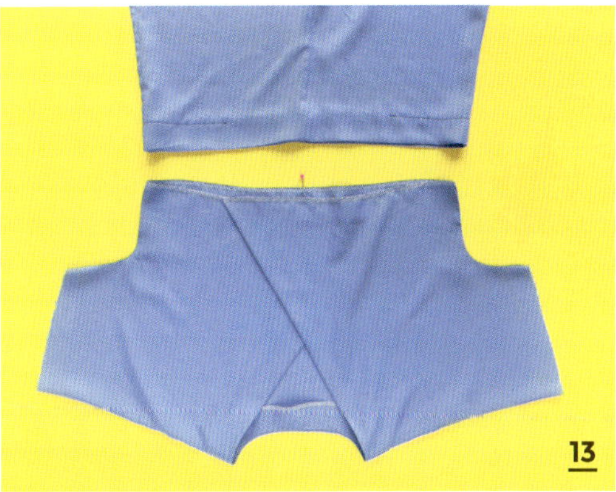

13

13 Die Unterkante des Oberteils versäubern, ohne die Nahtzugabe zurückzuschneiden. Das Oberteil in der Mitte falten, sodass die Seitennähte exakt aufeinanderliegen. Den Falz an der Unterkante der Rückenteils mit einer Stecknadel oder einem kleinen Einschnitt markieren. Nun werden Oberteil und Hose so miteinander verbunden, dass (von Ihnen aus gesehen) das rechte Oberteil das linke überlappt. Das ist in meinen Augen am einfachsten zu erklären, wenn Ober- und Unterteil mit der rechten Seite nach außen sozusagen kopfüber auf den Tisch gelegt werden, wie hier gezeigt.

14

14 Das (von Ihnen aus gesehen) rechte Vorderteil rechts auf rechts auf das rechte Hosenbein klappen und an der Kante feststecken. Achten Sie darauf, dass die Seitennähte exakt aufeinandertreffen und das vordere Ende des Oberteils auf das linke Ende der Steppnaht für den Tunnelzug trifft.

15

15 Die übrigen Teile des Oberteils auf die Hose stecken – Seitennaht trifft auf Seitennaht, die hintere Mitte auf die Schrittnaht, das vordere Ende des Oberteils auf das rechte Ende der Steppnaht für den Tunnelzug. Die Teile mit 1 cm Nahtzugabe zusammensteppen.

BUND NÄHEN

16 Die Nahtzugaben zum Oberteil bügeln. Das Gummiband in der passenden Länge abmessen (siehe Maßtabelle Bund, Seite 64) und an beiden Enden eine Sicherheitsnadel befestigen. Eine Nadel neben dem Tunnelzug an die Innenseite eines Hosenbeins stecken und das Gummiband mithilfe der anderen Nadel durch den Tunnel fädeln.

17 Überprüfen Sie, ob das Gummiband sich nicht verdreht hat, ziehen Sie beide Enden jeweils etwa 1 cm aus dem Tunnel heraus, und fixieren Sie sie mit Sicherheitsnadeln. Den Stoff glatt streichen und beide Enden des Gummibands durch beide Stofflagen auf den Tunnel (nicht aufs Oberteil!) steppen. Die Naht sorgfältig verriegeln.

NEHMEN SIE SICH ZEIT
Probieren Sie den Einteiler an, und prüfen Sie, ob das Gummiband gut sitzt. Ist es zu locker, trennen Sie eine Naht auf, schneiden das Band auf die gewünschte Länge und steppen es wieder fest.

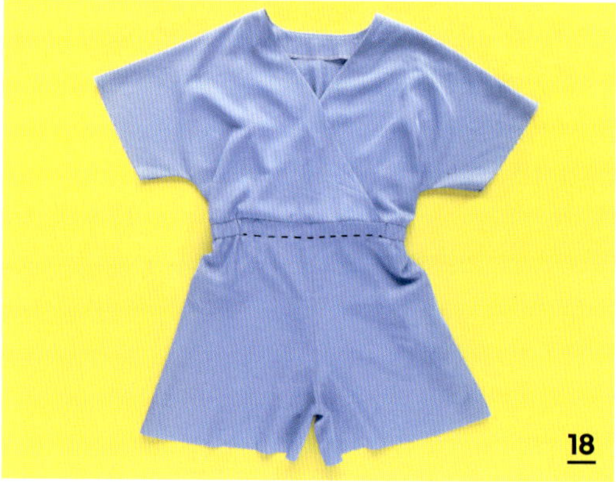

18 Die offene Kante des Tunnels an der Innenseite der Hose feststecken und 3 cm unterhalb der Oberkante feststeppen.

HOSENBEINE UND ÄRMEL SÄUMEN

19 Die Saumkanten 1 cm nach innen umschlagen und bügeln. Die umgebügelte Kante noch einmal 1 cm umschlagen, bügeln und feststecken. Die Säume knapp neben dem inneren Falz steppen.

19

WEITERE IDEEN

- Die Länge der Hose variieren.
- Das Oberteil mit der langen Hose zu einem bürotauglichen Wickel-Jumpsuit kombinieren.
- Den Gummizug durch ein Bindeband ersetzen wie beim T-Shirt-Kleid Tabitha (siehe Seite 86).
- Das Oberteil des Jumpsuits mit den Shorts kombinieren – genau das Richtige für den Strand.
- Das Oberteil weglassen und Badeshorts nähen.
- Eine Tasche auf den Latz des Jumpsuits setzen.
- Knöpfe und Knopfschlingen an das Oberteil des Playsuits nähen.

TIPP
Wenn Sie das Gefühl haben, dass der Ausschnitt zu tief sitzt oder nicht richtig anliegt, können Sie an der Stelle, wo die beiden Vorderteile einander überlappen (sollen), einen verdeckten Druckknopf annähen.

Wie man sich Zeit für kreative Projekte freischaufelt

- Schaffen Sie die räumlichen Voraussetzungen dafür, dass Sie sich an Ihre Nähmaschine setzen können, wann immer Sie Lust dazu haben. Wenn Sie Platz genug haben, lassen Sie die Maschine auf einem separaten Tisch offen stehen – geht das nicht, verstauen Sie sie in einem gut zugänglichen Schrank oder Regal, sodass sie immer griffbereit ist und schnell aufgestellt werden kann.

- Verschwenden Sie keine wertvolle Nähzeit mit dem Suchen nach der Schere oder dem Nahttrenner – bewahren Sie die Dinge, die Sie am häufigsten brauchen, in einem Glas oder Becher direkt bei der Maschine auf.

- Auch alle Kurzwaren sollten gut zugänglich sein. Verstauen Sie Garn, Einlagen, Gummibänder oder andere Utensilien, die Sie für ein laufendes Projekt brauchen, zusammen mit dem Stoff und dem Schnittmuster in einer Projekttasche. Ich verwende zu diesem Zweck alte Zellophantüten, in denen Kleider, die ich im Internet bestellt habe, eingepackt waren – sie haben die passende Größe und sind transparent; ich sehe also sofort, was sich darin befindet. Außerdem haben sie einen Zip-Verschluss, sodass nichts herausfallen kann.

- Wenn Ihre Freizeit knapp bemessen ist, nehmen Sie sich pro Tag wenigstens ein paar Minuten Zeit für Ihr Hobby bzw. sich selbst – z. B., bevor die anderen Bewohner Ihres Haushalts aufstehen, während die Lasagne im Ofen gart oder Ihr Krabbelkind ganz versunken in sein Spiel bunte Pompons auf dem Fußboden verteilt. Gewöhnen Sie sich an, diese kleinen Zeitfenster zum Nähen zu nutzen (auf Seite 99 erfahren Sie, was in fünf Minuten alles möglich ist).

- Gliedern Sie Ihre Projekte in kleine Einheiten bzw. Schritte, die Sie in diesen Zeitfenstern erledigen können. Motivieren Sie sich selbst immer wieder aufs Neue, indem Sie jede erfolgreich bewältigte Aufgabe abhaken und sich für Ihre Fortschritte auf die Schulter klopfen.

- Sie haben keine Lust, auf diese oder jene Party zu gehen? Dann bleiben Sie zu Hause, und ziehen Sie statt High Heels Ihre Nähschlappen an.

- Setzen Sie sich nicht unter Druck: Wenn Sie keine Lust haben zu nähen, dann lassen Sie es. Denken Sie daran: Nähen soll Spaß machen :)

- Schließen Sie Instagram, und fangen Sie endlich an zu nähen.

T-SHIRT TABITHA

ZUSCHNEIDEDAUER: 30 MINUTEN
NÄHZEIT: 1,5 STUNDEN

Dieses klassische T-Shirt ist im Handumdrehen genäht – und wenn Sie es fertig haben, werden Sie gleich noch eins schneidern wollen. Es ist weder zu eng noch zu weit und hat eine klassische Passform mit einem runden Halsausschnitt. Drei Ärmellängen stehen – passend zu den verschiedenen Jahreszeiten – zur Auswahl. Sie können das T-Shirt entweder mit einer Haushaltsnähmaschine oder mit einer Overlockmaschine nähen.

Wieso es so schnell fertig ist? Es hat keine Verschlüsse und wird einfach über den Kopf gezogen. Da es aus dehnbarem Stoff genäht wird und einen legeren, kastenförmigen Schnitt hat, sitzt es praktisch von selbst. Die Ärmel werden nicht eingesetzt, sondern vor dem Schließen der Unterarm- und Seitennähte angesteppt. Außerdem müssen die Nahtzugaben nicht versäubert werden, denn Strickstoffe fransen nicht aus – hurra!

ZEIGEN SIE UNS IHRE PROJEKTE!

@TillyButtons #SewingTabitha #MakeItSimpleBook

Kurze Ärmel

Dreiviertelärmel

Lange Ärmel

MATERIAL

Version mit Kurzarm

Alle Größen:

- ☐ 100 cm Stoff, 150 cm breit

Oder Größe 1–4:

- ☐ 100 cm Stoff, 115 cm breit

Größe 5–10:

- ☐ 170 cm Stoff, 115 cm breit

Version mit Dreiviertelarm

Alle Größen:

- ☐ 130 cm Stoff, 150 cm breit

Oder Größe 1–4:

- ☐ 130 cm Stoff, 115 cm breit

Größe 5–10:

- ☐ 200 cm Stoff, 115 cm breit

Version mit Langarm

Alle Größen:

- ☐ 150 cm Stoff, 150 cm breit

Oder Größe 1–4:

- ☐ 150 cm Stoff, 115 cm breit

Größe 5–10:

- ☐ 220 cm Stoff, 115 cm breit

Alle Versionen und Größen:

- ☐ Rippenbündchen für den Halsausschnitt, 10 x 70 cm
- ☐ Nähgarn in passender Farbe
- ☐ Satinband, transparentes, elastisches Nahtband oder Einlage für Strickstoffe, 30 cm x 6–8 mm, zur Stabilisierung der Schultern
- ☐ Ballpoint-Nadel
- ☐ Rollschneider und Schneidematte (praktisch zum Zuschneiden von Strickstoffen)

GEEIGNETE STOFFE

Leichte bis mittelschwere Strickstoffe mit mindestens 10% Dehnbarkeit in beide Richtungen, z.B. Jersey, Interlock-Jersey, Stretchsamt, leichter French Terry oder Pulloverstrickstoff. Verwenden Sie ein elastisches Bündchen für den Halsausschnitt, damit Sie das T-Shirt über den Kopf ziehen können.

GRÖSSENTABELLE

Körpermaße

GRÖSSE		BRUST-UMFANG	TAILLEN-UMFANG	HÜFT-UMFANG
1	UK 6 US 2 EUR 34	76 cm	61 cm	84 cm
2	UK 8 US 4 EUR 36	81 cm	66 cm	89 cm
3	UK 10 US 6 EUR 38	86,5 cm	71 cm	94 cm
4	UK 12 US 8 EUR 40	91,5 cm	76 cm	99 cm
5	UK 14 US 10 EUR 42	96,5 cm	81 cm	104 cm
6	UK 16 US 12 EUR 44	101,5 cm	86,5 cm	109 cm
7	UK 18 US 14 EUR 46	106,5 cm	91,5 cm	114 cm
8	UK 20 US 16 EUR 48	112 cm	96,5 cm	119,5 cm
9	UK 22 US 18 EUR 50	117 cm	101,5 cm	124,5 cm
10	UK 24 US 20 EUR 52	122 cm	106,5 cm	129,5 cm

Maße des fertigen Kleidungsstücks

GRÖSSE		BRUST-UMFANG	TAILLEN-UMFANG	HÜFT-UMFANG	RÜCKWÄRTIGE LÄNGE
1	UK 6 US 2 EUR 34	80 cm	80 cm	80 cm	55,5 cm
2	UK 8 US 4 EUR 36	85 cm	85 cm	85 cm	56 cm
3	UK 10 US 6 EUR 38	90 cm	90 cm	90 cm	56,5 cm
4	UK 12 US 8 EUR 40	95 cm	95 cm	95 cm	57 cm
5	UK 14 US 10 EUR 42	100 cm	100 cm	100 cm	57,5 cm
6	UK 16 US 12 EUR 44	105 cm	105 cm	105 cm	58 cm
7	UK 18 US 14 EUR 46	110 cm	110 cm	110 cm	58,5 cm
8	UK 20 US 16 EUR 48	115 cm	115 cm	115 cm	59 cm
9	UK 22 US 18 EUR 50	120 cm	120 cm	120 cm	60 cm
10	UK 24 US 20 EUR 52	125 cm	125 cm	125 cm	60,5 cm

ZUSCHNEIDEN

Schneiden Sie folgende Teile zu:

□ **Vorderteil** – 1x im Stoffbruch zuschneiden

□ **Rückenteil** – 1x im Stoffbruch zuschneiden

□ **Ärmel** – 2x (kurz, dreiviertellang oder lang) zuschneiden

□ **Halsbündchen** – 1x aus Bündchenstoff im Stoffbruch zuschneiden

Weitere Infos zum Zuschneiden und Markieren von Stoff finden Sie auf Seite 26–28.

Stoffbreite 150 cm – alle Größen
Stoffbreite 115 cm – Größe 1–4

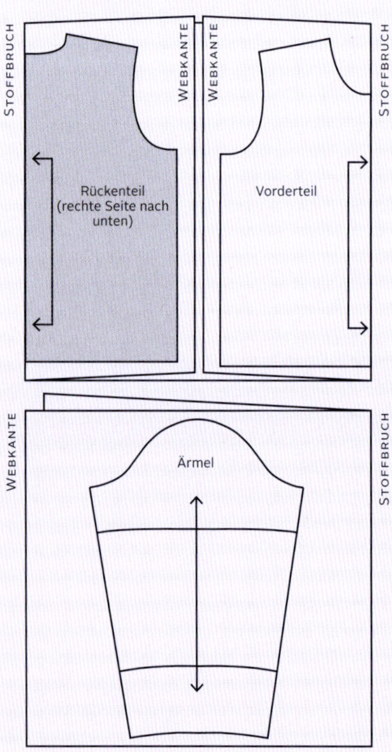

Stoffbreite 115 cm – Größe 5–10

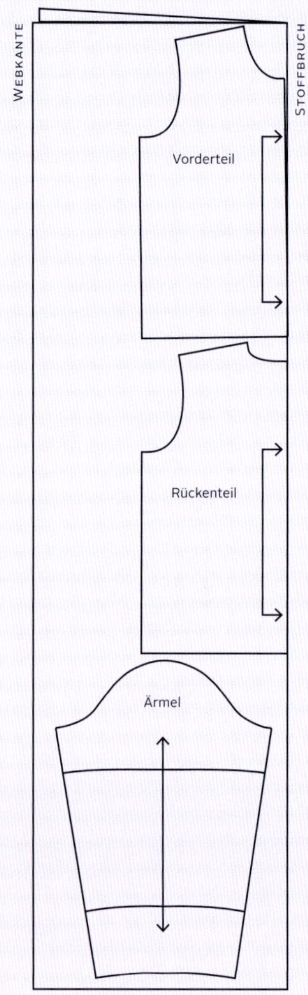

Bündchenstoff – alle Größen

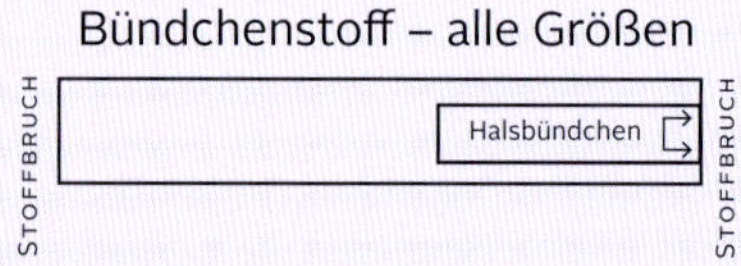

SIND SIE BEREIT? LOS GEHT'S!

Wenn nicht anders angegeben, beträgt die Nahtzugabe 1,5 cm. Wenn Sie eine herkömmliche Nähmaschine verwenden, schließen Sie die Nähte mit einem schmalen Zickzackstich (2–2,5 mm lang und 1–1,5 mm breit). Wenn Sie eine Overlockmaschine verwenden, schneiden Sie die Nahtzugaben direkt mit dem Messer zurück. Auf Seite 16–17 finden Sie weitere Hinweise zum Verarbeiten von Strickstoffen.

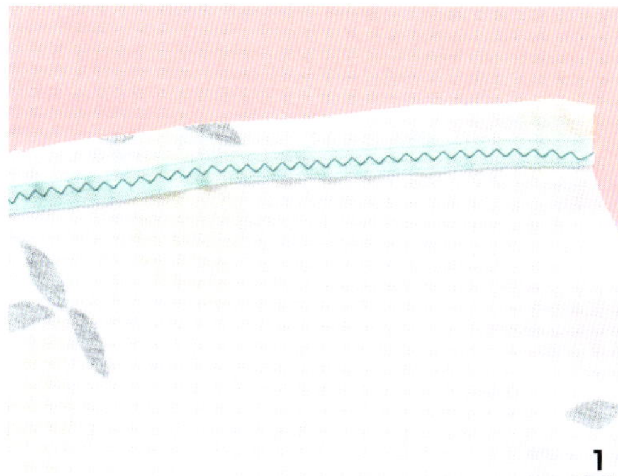

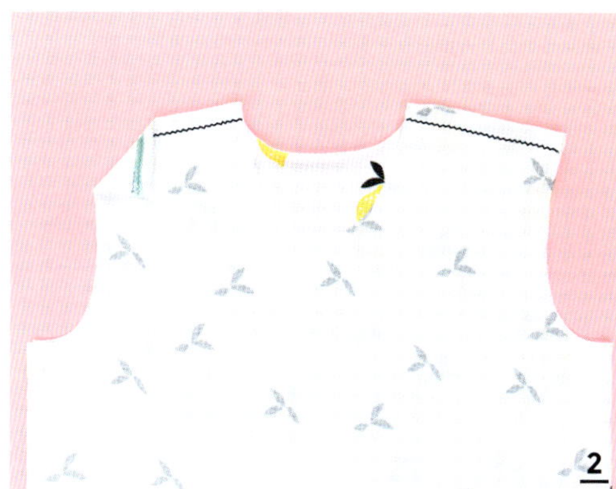

SCHULTERNÄHTE STABILISIEREN UND SCHLIESSEN

1 Damit die Schulternähte nicht ausleiern, werden sie zunächst stabilisiert. Messen Sie die Schulterbreite von Vorder- oder Rückenteil, und schneiden Sie zwei etwas längere Streifen aus Satinband, durchsichtigem, elastischem Nahtband oder Einlage für Strickstoffe zu. Die Streifen so auf die linke Seite des Rückenteils legen, dass die Unterkante knapp 1,5 cm neben der Stoffkante verläuft. Die Streifen aufbügeln oder mit Zickzackstichen (2,5 x 2,5 mm) mittig aufsteppen. Überstehende Enden abschneiden.

2 Das Vorderteil rechts auf rechts auf das Rückenteil legen, die Schulternähte stecken und mit einem schmalen Zickzackstich (2–2,5 mm lang und 1–1,5 mm breit) steppen oder mit einer Overlockmaschine nähen. Die Nahtzugaben ggf. zurückschneiden.

TIPP
Sie haben vergessen, Nahtband zu besorgen? Improvisieren Sie. Sicher finden sich an irgendeinem fertig gekauften Kleidungsstück noch ein paar Schlaufen zum Aufhängen, die Sie verwenden können.

HALSBÜNDCHEN NÄHEN

3 Das Halsbündchen in der Mitte falten, sodass die beiden schmalen Kanten rechts auf rechts aufeinanderliegen. Die Naht schließen.

TIPP

Damit das Bündchen nicht von der Nähnadel unter die Stichplatte gezogen wird, beginnen Sie etwas unterhalb der Kante zu steppen. Die Lücke anschließend mit Rückwärtsstichen schließen.

4 Die Nahtzugaben zurückschneiden, falls Sie keine Overlockmaschine verwenden, und auseinander- oder auf eine Seite bügeln. Das Halsbündchen der Länge nach mittig links auf links falten und die Falte einbügeln. Da das Bügeleisen schon mal an ist, bügeln Sie auch gleich die Nahtzugaben der Schulternähte auseinander oder nach hinten.

5 Das T-Shirt falten, sodass die Schulternähte aufeinanderliegen, und die vordere und hintere Mitte mit Stecknadeln oder kleinen Einschnitten markieren. Das Halsbündchen so zusammenlegen, dass die Naht zu einer Seite zeigt, und die Falte am anderen Ende mit einer Nadel oder einem kleinen Einschnitt markieren.

6 Das Oberteil aufklappen und mit der rechten Seite nach oben flach auf den Tisch legen. Das Halsbündchen an den offenen Kanten rechts auf rechts an den Halsausschnitt stecken: zunächst die Markierung des Bündchens auf die vordere Mitte und die Bündchennaht auf die hintere Mitte des T-Shirts.

7 Das Halsbündchen rundum feststecken und dabei gleichmäßig dehnen. Es ist etwas enger als der Halsausschnitt, damit es später nicht absteht.

7

8 Das Halsbündchen mit der Näh- oder Overlockmaschine an den Halsausschnitt steppen – dabei das Bündchen, aber nicht das T-Shirt dehnen.

8

NEHMEN SIE SICH ZEIT

Versuchen Sie beim Steppen einen gleichmäßigen Abstand zwischen dem linken Rand des Nähfußes und der Falzkante des Bündchens einzuhalten, damit das Bündchen nicht schief wird.

9 Falls Sie eine herkömmliche Nähmaschine verwenden, die Nahtzugaben des Bündchens und des Halsausschnitts zurückschneiden. Das Bündchen nach innen und die Nahtzugaben nach außen unter das T-Shirt bügeln.

9

TIPP

Gewicht und Dehnbarkeit beeinflussen den Sitz des Halsbündchens. Liegt es nach dem Nähen nicht richtig an, reicht es meist aus, es mit Dampf zu bügeln, damit es in seine ursprüngliche Größe zurückspringt und richtig sitzt.

10 Den Halsausschnitt rundum von außen mit Zickzackstichen (2,5 x 2,5 mm) oder einer Zwillingsnaht knappkantig absteppen.

10

NEHMEN SIE SICH ZEIT

Sitzt das Halsbündchen immer noch zu locker, trennen Sie es ab, nähen es enger und steppen es von Neuem an den Ausschnitt. Ist es zu eng, müssen Sie ein neues, etwas weiteres Bündchen zuschneiden.

ÄRMEL ANNÄHEN

T-Shirt-Ärmel lassen sich schnell und einfach an Vorder- und Rückenteil befestigen, denn sie werden angesteppt, bevor die Unterarm- und Seitennähte geschlossen werden. Das erspart Ihnen die knifflige Aufgabe, einen fertigen Ärmel in ein Armloch einzusetzen, wie man es bei Kleidungsstücken aus Webstoffen normalerweise macht.

11 Das T-Shirt wieder auseinanderklappen und mit der rechten Seite nach oben flach auf den Tisch legen. Die Ärmel mit der rechten Seite nach oben neben die Armausschnitte legen. Die Vorderseite der Ärmel und Armausschnitte ist jeweils mit einem Einschnitt, die Rückseite mit zwei Einschnitten markiert.

12 Einen Ärmel umklappen, sodass er rechts auf rechts auf dem Oberteil liegt, und an Schultern, Markierungen und Ecken stecken. Die restliche Ärmelnaht stecken und dabei die Ärmelweite gleichmäßig verteilen.

NEHMEN SIE SICH ZEIT

Selbst wenn ich Arbeitsschritte bündle (siehe Seite 37), nähe ich den ersten Ärmel lieber erst an, ehe ich den zweiten stecke, denn Stecknadeln lösen sich gerne aus dem Stoff und fallen herunter.

13 Den Ärmel an das Oberteil nähen. Den zweiten Ärmel auf die gleiche Weise stecken und annähen (Schritte 12 und 13). Wenn Sie eine herkömmliche Nähmaschine verwenden, die Nahtzugaben zurückschneiden.

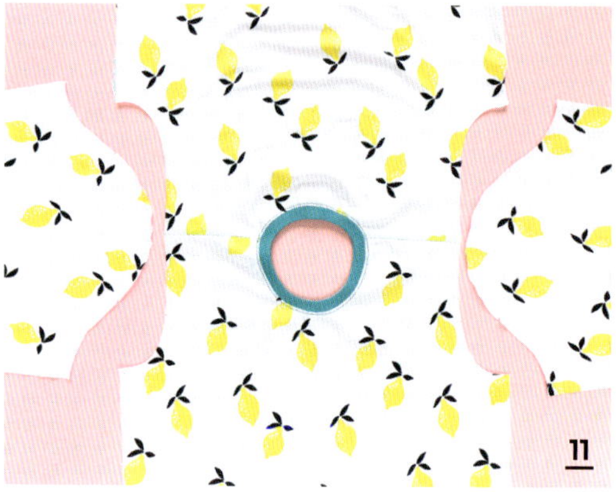

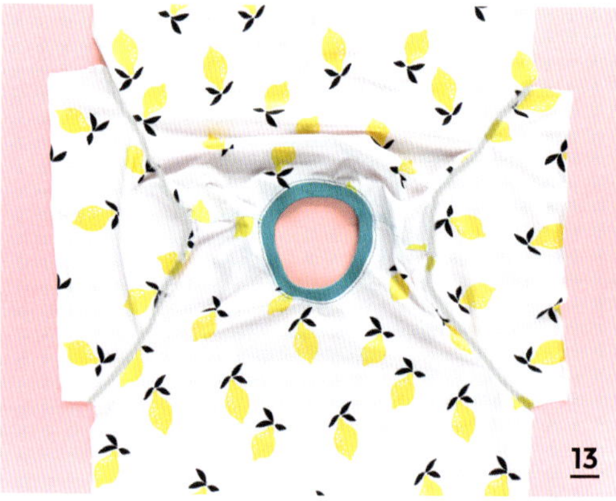

NEHMEN SIE SICH ZEIT

Wenn Sie die Schulternaht erreicht haben, sollten Sie vor dem Weitersteppen mit der Nadel im Stoff kurz innehalten, den Nähfuß anheben und überprüfen, ob die Nahtzugaben noch richtig liegen (auseinander- oder nach hinten gebügelt).

SEITENNÄHTE SCHLIESSEN

14 Das Vorderteil rechts auf rechts auf das Rückenteil legen. Unterarmnähte und Seitennähte stecken; hierbei trifft Markierung auf Markierung. Ärmel- und Seitennähte mit einer durchgehenden Naht schließen. Die Nahtzugaben der Ärmelnaht beim Darübersteppen mit den Fingern Richtung Ärmel drücken. Wenn Sie eine herkömmliche Nähmaschine benutzen, die Nahtzugaben zurückschneiden.

TIPP

Wenn Sie wissen wollen, ob das T-Shirt auch wirklich passt, heften Sie die Unterarm- und Seitennähte zunächst mit einem langen Zickzackstich (5 mm lang, 1,5–2 mm breit) und probieren das Shirt anschließend an. Ist es zu weit, steppen Sie die Seitennähte mit einer breiteren Nahtzugabe. Bei dieser Gelegenheit können Sie auch gleich die Länge überprüfen und Ärmel und/oder Shirt bei Bedarf kürzen. Denken Sie daran, dass Shirt und Ärmel durch das Säumen 3 bzw. 2 cm kürzer werden.

BÜGELN UND SÄUMEN

15 Wenn Sie eine Overlockmaschine verwenden, versäubern Sie die Saumzugaben von Shirt und Ärmeln, ohne sie zurückzuschneiden. Die Nahtzugaben beim Darübernähen entweder auseinander- oder zu einer Seite drücken. Die Steppnaht am Halsausschnitt bügeln, damit sie schön liegt. Die Nahtzugaben der Ärmelnaht in die Ärmel bügeln, die Unterarm- und Seitennähte auseinander- oder nach hinten bügeln. Den Saum des T-Shirts 3 cm nach innen umschlagen, bügeln und feststecken. Die Ärmelsäume 2 cm nach innen umschlagen, bügeln und feststecken.

14

15

16

16 Shirt und Ärmel mit Zickzackstichen (oder einer Zwillingsnadel) von rechts säumen: den T-Shirt-Saum 2,5 cm, die Ärmel 1,5 cm neben der Bügelkante.

Die Säume bügeln und das T-Shirt anziehen.

ZEIGEN SIE UNS IHRE PROJEKTE!

@TillyButtons #SewingTabitha #MakeItSimpleBook

KURZ UND KNAPP

Wenn nicht anders angegeben, alle Nähte rechts auf rechts mit 1,5cm Nahtzugabe steppen, entweder mit einer herkömmlichen Nähmaschine mit einem schmalen Zickzackstich oder mit einer Overlockmaschine. In diesem Fall die Nahtzugabe direkt zurückschneiden. Zum Absteppen einen Zickzackstich (2,5 x 2,5mm) oder eine Zwillingsnadel verwenden. Nahtzugaben vor dem Darübernähen auseinander- oder nach hinten drücken.

VORBEREITUNG

□ Die Schulterkanten von links mit Nahtband verstärken

STECKEN

□ Schulternähte

□ Kurze Naht des Halsbündchens

STEPPEN ODER MIT DER OVERLOCKMASCHINE NÄHEN

□ Schulternähte

□ Kurze Naht des Halsbündchens

ZURÜCKSCHNEIDEN

(wenn Sie eine herkömmliche Nähmaschine verwenden)

□ Nahtzugaben der Schulternähte

□ Nahtzugaben des Halsbündchens

BÜGELN

□ Nahtzugaben der Schulternähte auseinander oder nach hinten

□ Nahtzugaben des Halsbündchens auseinander oder zu einer Seite

□ Das der Länge nach links auf links gefaltete Halsbündchen

STECKEN

□ Halsbündchen an den Halsausschnitt

STEPPEN ODER MIT DER OVERLOCKMASCHINE NÄHEN

□ Halsbündchen an den Halsausschnitt

ZURÜCKSCHNEIDEN

(wenn Sie eine herkömmliche Nähmaschine verwenden)

□ Nahtzugaben von Halsbündchen und Halsausschnitt

BÜGELN

□ Halsbündchen nach innen, Nahtzugaben nach außen unter das T-Shirt

OPTIONAL: ABSTEPPEN

(mit einer herkömmlichen Nähmaschine)

□ Das Halsbündchen knappkantig absteppen

STECKEN

- □ Einen Ärmel an den passenden Armausschnitt

STEPPEN ODER MIT DER OVERLOCKMASCHINE NÄHEN

- □ Einen Ärmel an den passenden Armausschnitt

STECKEN

- □ Den anderen Ärmel an den passenden Armausschnitt

STEPPEN ODER MIT DER OVERLOCKMASCHINE NÄHEN

- □ Den anderen Ärmel an den passenden Armausschnitt

ZURÜCKSCHNEIDEN

(wenn Sie eine herkömmliche Nähmaschine verwenden)

- □ Nahtzugaben der Unterarm- und Seitennaht

BÜGELN

- □ Abgesteppten Halsausschnitt
- □ Ärmelnähte Richtung Ärmel
- □ Unterarmnähte und Seitennähte auseinander oder nach hinten
- □ T-Shirt-Saum 3 cm nach innen – stecken
- □ Ärmelsäume 2 cm nach innen – stecken

STEPPEN

(mit einer herkömmlichen Nähmaschine)

- □ T-Shirt-Saum
- □ Ärmelsäume

VARIATIONSMÖGLICHKEIT

KLEID MIT TUNNELZUG

ZUSCHNEIDEDAUER (INKLUSIVE ENTWURF DES ROCKS): 45 MINUTEN
NÄHZEIT: 2 STUNDEN 20 MINUTEN

Dieses legere, bequeme Kleid werden Sie gar nicht mehr ausziehen wollen. Dank dem Tunnelzug, der die Taille auf schmeichelhafte Weise definiert, machen Sie darin immer eine gute Figur – Tag für Tag.

Sie werden ein einfaches Schnittmuster für einen Rock entwerfen, dessen Länge Sie selbst bestimmen können: mini, knielang, midi oder maxi. Aus einem schön fallenden Strickstoff – z.B. Jersey, leichtem Frottee, Pulloverstrickstoff oder Stretchsamt – wirkt das Kleid besonders edel.

MATERIAL

Alle Materialien, die Sie für das T-Shirt benötigen (siehe Seite 76), plus:

Für alle Größen bei einer Stoffbreite von 150 cm:

- □ Die Rocklänge (siehe übernächste Seite) minus 10 cm

Oder Größe 1–2 bei einer Stoffbreite von 115 cm:

- □ Die Rocklänge (siehe übernächste Seite) minus 10 cm

Größe 3–10 bei einer Stoffbreite von 115 cm:

- □ Zweimal die Rocklänge (siehe übernächste Seite) minus 20 cm

Alle Größen:

- □ Für das Bindeband 30 cm einfarbigen Jersey (der auch von links schön aussieht)
- □ Sicherheitsnadel
- □ Kleines Stück Einlage zum Aufbügeln (am besten elastische Einlage)
- □ Optional: 2 Ösen mit Durchmesser 5 mm (plus Ersatzösen zum Üben) und Hammer – am besten ein Ösenset mit Locheisen, Ösenhalter und Einschlagstempel oder eine Ösenzange mit Zubehör
- □ Großer Bogen Papier

ZUSCHNEIDEN

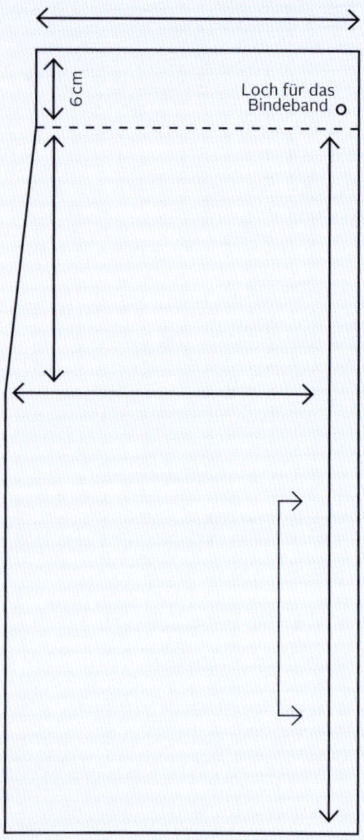

Um das Schnittmuster für den Rock zu entwerfen, zeichnen Sie ein Rechteck auf einen großen Bogen Papier:

Weite – Teilen Sie Ihren Hüftumfang durch 4 und addieren Sie 3 cm.

Länge – Messen Sie die gewünschte Rocklänge ab der Taille. 8 cm für den Tunnelzug und die Saumzugabe addieren.

Messen Sie die Saumweite des T-Shirt-Vorderteils in der passenden Größe aus und tragen Sie die Weite links oben an dem aufgezeichneten Rechteck ab (siehe Tipp rechts).

Zeichnen Sie eine vertikale Line parallel und mit 6 cm Abstand zur oberen Linie des Rechtecks ein (für den Tunnelzug).

Messen Sie von der Unterkante des Tunnels 19 cm nach unten. Gleichen Sie die unterschiedlichen Weiten links mit einer weich geschwungenen Linie zu diesem Punkt hin aus.

TIPP FÜR DIE ANPROBE

Wenn Ihre Hüften im Vergleich zu Ihrem Taillen- und Brustumfang relativ schmal sind, wird sich die Bundweite des Rocks nicht groß von der Saumweite unterscheiden – oder der T-Shirt-Saum ist sogar weiter als der Rockbund. Verwenden Sie in diesem Fall einfach das ungradierte Rechteck als Schnittmuster, und tragen Sie darauf alle Markierungen ein.

An der rechten Kante einen Doppelpfeil einzeichnen mit: „Am Stoffbruch anlegen".

Markieren Sie das Loch für das Bindeband mit einem kleinen Kreis 1 cm neben der rechten und 4,2 cm unterhalb der Oberkante.

Beschriften Sie Ihr Schnittmuster mit „Tunnelzug-Kleid Tabitha – Rock – 2x im Stoffbruch zuschneiden", damit Sie das Schnittmuster auch später noch zuordnen können.

Schneiden Sie folgende Teile zu:

- ☐ **Vorderteil** – 1x im Stoffbruch – bis zur Markierung „Hier schneiden für T-Shirt-Kleid Tabitha" zuschneiden
- ☐ **Rückenteil** - 1x im Stoffbruch – bis zur Markierung „Hier schneiden für T-Shirt-Kleid Tabitha" zuschneiden
- ☐ **Ärmel** – 2x (kurz, dreiviertellang oder lang) zuschneiden
- ☐ **Rock** – 2x im Stoffbruch zuschneiden
- ☐ **Halsbündchen** – 1x aus Bündchenstoff im Stoffbruch zuschneiden
- ☐ **Bindeband** – 1x aus einfarbigem Jersey zuschneiden, 3 cm x die Stoffbreite (hierfür gibt es kein Schnittmuster)

Auf einem Rock-Schnittteil von rechts auf beiden Seiten die Löcher für das Bindeband markieren – dies wird das Rockvorderteil. Weitere Infos zum Zuschneiden und Markieren von Stoff finden Sie auf Seite 26–28.

Varianten

Stoffbreite 150 cm alle Größen

Stoffbreite 115 cm Größe 1–2

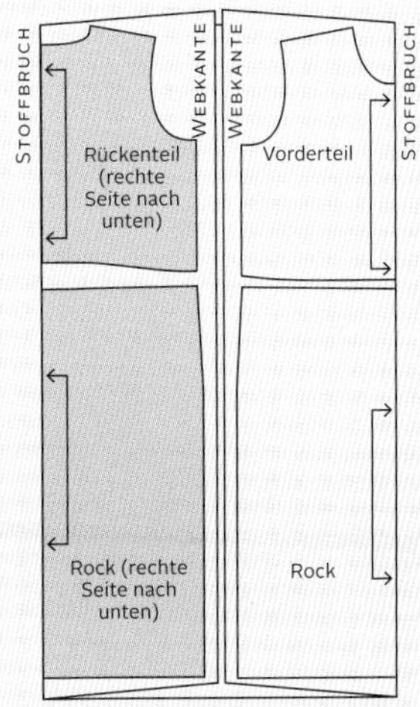

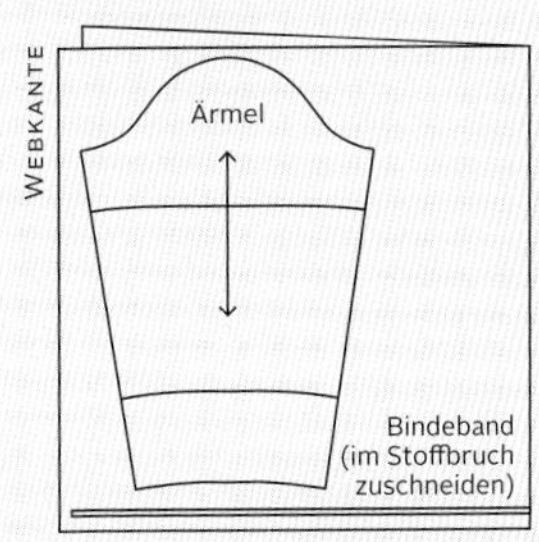

Bündchenstoff – alle Größen

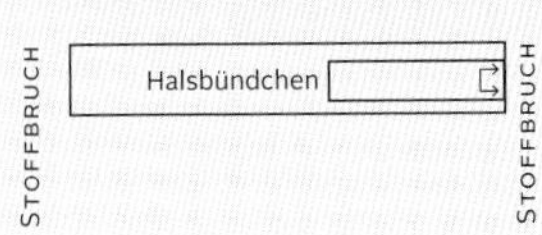

Stoffbreite 115 cm Größe 3–10

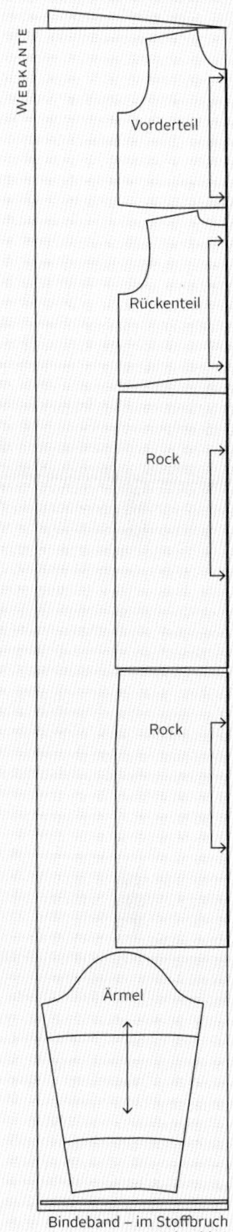

LÖCHER FÜR DEN TUNNEL STANZEN

1 Ein etwa 4 x 2 cm großes Rechteck aus Einlage (siehe Seite 31) zuschneiden und mit der beschichteten Seite nach unten von links auf die Markierungen für die Bindebänder auf dem Rockvorderteil legen. Mit einem heißen Bügeleisen ohne Dampf aufbügeln.

1

2 Für das Einarbeiten der Löcher gibt es zwei Möglichkeiten:

Ösen

2

Option 1) Ösen

Heutzutage sind im Handel Ösensets erhältlich, die außer den Ösen auch alle notwendigen Werkzeuge zum Anbringen enthalten. Üben Sie das Anbringen der Ösen zunächst an einem Stoffrest.

Stanzen Sie auf den Markierungen zwei Löcher in das Rockvorderteil. Nur Mut – schlagen Sie beherzt mit dem Hammer zu. Das Oberteil der Öse von rechts durch den Stoff stecken. Das Unterteil von links aufsetzen, vorsichtig in den Ösenhalter legen und die Öse festhämmern (oder die Öse mit einer Ösenzange fixieren).

Knopflöcher

2

Option 2) Knopflöcher

Nähen Sie zwei 1 cm lange vertikale Knopflöcher mittig über die Markierungen. Falls möglich, die Einstellung für elastische Knopflöcher verwenden. Andernfalls die Stichlänge auf etwa 0,7 mm einstellen und die Fadenspannung etwas lockern. Die Knopflöcher vorsichtig mit einem Nahttrenner aufschneiden.

OBERTEIL NÄHEN UND ANNÄHEN

3 Nähen Sie das Oberteil gemäß der Anleitung auf Seite 79–83 (Schritte 1–14). Die beiden Rockteile rechts auf rechts stecken, die Seitennähte schließen. Verwenden Sie eine herkömmliche Nähmaschine, die Nahtzugaben zurückschneiden und entweder auseinander- oder nach hinten bügeln. Den Rock in der Mitte falten, sodass die Seitennähte aufeinanderliegen und vordere und hintere Mitte mit Stecknadeln oder kleinen Einschnitten markieren. An der Unterkante des Oberteils ebenfalls vordere und hintere Mitte markieren.

4 Den Rock so über das Oberteil streifen, dass der Stoff rechts auf rechts liegt und das vordere Oberteil auf das Rockvorderteil (das mit den Ösen oder Knopflöchern) trifft. Zusammenstecken und dabei darauf achten, dass Seitennähte und Markierungen passgenau aufeinanderliegen.

5 Den Rock mit einer herkömmlichen Nähmaschine mit 3cm Nahtzugabe mit Zickzackstich an das Oberteil nähen. Die Nahtzugaben der Seitennähte beim Darübernähen nach hinten drücken. Diese breite Nahtzugabe bildet später den Tunnel für das Bindeband. Wenn Sie eine Overlockmaschine verwenden, versäubern Sie die Nahtzugaben, ohne sie zu zurückzuschneiden.

6 Das Kleid auf links wenden. Die 3cm breite Nahtzugabe zum Rock bügeln und feststecken (das Oberteil oder die zweite Stofflage des Rocks nicht mitfassen!). Die Nahtzugabe mit einer herkömmlichen Nähmaschine mit einem schmalen Zickzackstich 5mm neben der Kante an den Rock steppen. Ich verwende hierfür einen Abstandhalter. Den Stoff beim Nähen beidseitig der Taillennaht straff halten, damit keine Fältchen entstehen und die zweite Lage des Rocks nicht mitgefasst wird.

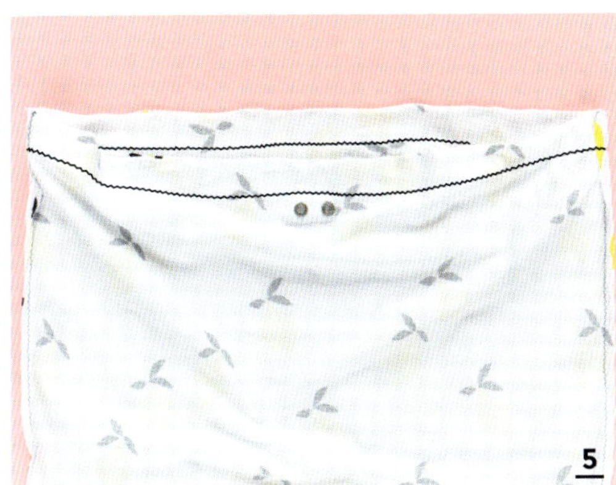

BINDEBAND EINZIEHEN

7 Den Stoffstreifen für das Bindeband straffziehen, sodass sich die Kanten aufrollen, sobald Sie loslassen.

8 Eine Sicherheitsnadel an einem Ende des Bindebands befestigen. Das Band mithilfe der Nadel durch den Tunnelzug fädeln. Die Sicherheitsnadel entfernen. Probieren Sie das Kleid an, binden Sie das Band vorne zur Schleife, und kürzen Sie die Enden auf die gewünschte Länge. Beide Enden mit einem Knoten sichern.

TIPP ZUR ANPROBE

Wenn Sie das Kleid anhaben, überprüfen Sie, ob Ihnen die Länge zusagt. Denken Sie daran, dass es durch das Säumen 3 cm kürzer wird. Ist das Kleid zu weit, können Sie die Seitennähte mit einer breiteren Nahtzugabe steppen.

KLEID BÜGELN UND SÄUMEN

9 Wenn Sie eine Overlockmaschine verwenden, versäubern Sie die Saumzugaben von Ärmeln und Rock, ohne sie zurückzuschneiden. Die Nahtzugaben der Unterarm- und Seitennähte beim Darübernähen auseinander- oder nach hinten drücken. Die Steppnaht am Halsausschnitt bügeln, damit sie schön liegt. Die Nahtzugaben der Ärmelnaht in die Ärmel bügeln, die der Unterarm- und Seitennähte auseinander- oder nach hinten bügeln. Den Rocksaum 3 cm nach innen umschlagen, bügeln und feststecken.

7

8

9

Die Ärmelsäume 2 cm nach innen umschlagen, bügeln und feststecken. Rocksaum und Ärmelsäume mit Zickzackstich (oder einer Zwillingsnadel) von rechts steppen: den Rocksaum 2,5 cm, die Ärmelsäume 1,5 mm neben der Bügelkante.

VARIATIONSMÖGLICHKEIT

RINGER-T-SHIRT MIT ÄRMELBÜNDCHEN

ZUSCHNEIDEDAUER: 35 MINUTEN
NÄHZEIT: 1 STUNDE 45 MINUTEN

Verleihen Sie dem kurzärmligen T-Shirt (oder Kleid) mit Ärmelbündchen einen 1970er-Jahre-Touch. Wie wäre es mit drei kontrastierenden Farben für Hals- und Ärmelbündchen?

MATERIAL

Alle Materialien, die Sie für das T-Shirt (siehe Seite 76) benötigen, plus:

- ☐ Zusätzlicher Bündchenstoff (in ein, zwei oder drei Farben), je 10 cm

ZUSCHNEIDEN

Schneiden Sie folgende Teile zu:

- ☐ **Vorderteil** – 1x im Stoffbruch zuschneiden
- ☐ **Rückenteil** – 1x im Stoffbruch zuschneiden
- ☐ **Ärmel** – 2x kurz zuschneiden
- ☐ **Halsbündchen** – 1x aus Bündchenstoff im Stoffbruch zuschneiden
- ☐ **Ärmelbündchen** – 2x aus Bündchenstoff im Stoffbruch zuschneiden

1

2

3

1 Nähen Sie das T-Shirt gemäß der Anleitung auf Seite 79–83, ohne die Ärmel zu säumen. Die Ärmelbündchen in der Mitte falten, sodass die beiden schmalen Kanten rechts auf rechts liegen. Die Naht schließen. Die Nahtzugaben zurückschneiden, falls Sie eine herkömmliche Nähmaschine verwenden, und auseinander- oder auf eine Seite bügeln. Die Bündchen der Länge nach in der Mitte links auf links falten und die Falte einbügeln.

2 Ärmel und Ärmelbündchen so zusammenlegen, dass die Naht jeweils auf einer Seite sitzt, den anderen Falz und die jeweiligen Mitten mit einer Stecknadel oder einem kleinen Einschnitt markieren. Das T-Shirt auf links wenden. Die Bündchen mit dem Falz voran in die Ärmel schieben und Markierung auf Markierung und Naht auf Naht stecken. Die Bündchen dehnen und rundum feststecken.

3 Die Bündchen feststeppen. Sie müssen dabei leicht gedehnt werden.

4 Die Nahtzugaben ggf. zurückschneiden und in die Ärmel bügeln. Die Bündchen nach außen bügeln.

VARIATIONSMÖGLICHKEIT

T-SHIRT MIT BÜGELAPPLIKATION

ZEITBEDARF FÜRS APPLIZIEREN: 20+ MINUTEN

Mit aufgebügelten Applikationen können Sie Ihre selbst genähten Kleidungsstücke auf ganz individuelle Weise verzieren. Ich bin süchtig danach, T-Shirts für meinen kleinen Sohn und seine Freunde aufzuhübschen, doch warum sollten nur Kinder in diesen Genuss kommen? Es ist ganz einfach, und Sie sind vollkommen frei in der Wahl der Motive oder des Designs.

MATERIAL

Alle Materialien, die Sie für das T-Shirt (siehe Seite 76) benötigen, plus:

- ☐ Vinyl-, Flex- oder Flockfolie zum Aufbügeln in Ihren Wunschfarben (ich habe Flockfolie von Happy Fabric verwendet)
- ☐ Pergamentpapier/Fettpapier

1

2

1 Skizzieren Sie ein paar Ideen auf Papier. Sind Sie mit einer zufrieden, schneiden Sie die Einzelteile des Motivs aus, und zeichnen Sie sie mithilfe dieser Schablonen auf die Rückseite (matte Seite) der Vinylfolie. Bei asymmetrischen Motiven die Schablonen mit der rechten Seite nach unten auflegen.

2 Sie können das Motiv vor oder nach dem Zusammennähen des T-Shirts auf das Vorderteil aufbügeln. Erhitzen Sie das Bügeleisen auf die passende Temperatur für Baumwolle, und schalten Sie den Dampf aus. Das T-Shirt zuerst bügeln, um Falten und Restfeuchte zu entfernen. Legen Sie das T-Shirt auf einen stabilen Tisch mit einem Handtuch als Unterlage. Die Motivteile aus der Vinylfolie ausschneiden und mit der glänzenden Seite nach oben auf das T-Shirt legen. Die Folie mit einem Blatt Pergamentpapier abdecken, ohne die Motivteile zu verschieben. Ohne Dampf und mit festem Druck (10 Sekunden oder länger, je nach Gebrauchsanweisung der Applikationsfolie) aufbügeln.

3 Das Pergamentpapier entfernen und die Plastikfolie abziehen.

WEITERE IDEEN

- Besticken Sie das Vorderteil Ihres T-Shirts mit einem Slogan.
- Nähen Sie einen Rock mit Tunnelzug, ohne das Oberteil anzusetzen.
- Bügeln Sie einen Flicken auf das Vorderteil des T-Shirts.
- Arbeiten Sie für einen eleganten, aber legeren Look Seitenschlitze in ein Midi- oder Maxi-T-Shirt-Kleid ein.
- Rüschen Sie lange Ärmel, indem Sie in der Mitte jeweils ein Gummiband in Längsrichtung aufsteppen.

Wenn Sie nur fünf Minuten Zeit haben …

- Spulen Sie.
- Bügeln Sie Ihren Stoff.
- Überfliegen Sie die Nähanleitung.
- Beginnen Sie ein Schnittmuster zu kopieren oder auszuschneiden.
- Bügeln Sie Einlage auf die Belege.
- Stecken Sie Schnittteile zusammen.
- Reinigen Sie Ihre Nähmaschine, und wechseln Sie die Nadel aus.
- Steppen Sie ein paar Nähte.
- Fädeln Sie die Overlockmaschine ein.
- Bestellen Sie Stoff und Kurzwaren für Ihr nächstes Projekt.
- Schneiden Sie Nahtzugaben zurück.
- Befestigen Sie Druckknöpfe, wenden Sie Stoffschläuche auf rechts, fädeln Sie Gummiband ein …
- Notieren Sie, welche Veränderungen Sie an einem Schnittmuster vorgenommen haben, oder was Sie beim Nähen Ihres letzten Projekts gelernt haben.
- Reinigen Sie Ihre Werkzeuge.
- Suchen Sie unter #MakeItSimple nach Anregungen für neue Projekte.

KLEID SUKI

ZUSCHNEIDEDAUER: 30 MINUTEN
NÄHZEIT: 1 STUNDE 35 MINUTEN

Dieses unkomplizierte, schlichte Etuikleid besitzt kaum Nähte und ist deshalb im Handumdrehen genäht. Es hat eine moderne, legere Passform und endet direkt unterhalb des Knies. Die kokonartige Silhouette wird durch die eleganten, schmal zulaufenden langen Ärmel ausbalanciert. Sie sind dank der überschnittenen Schultern ganz einfach anzunähen.

Da es ohne komplizierte Verschlüsse auskommt, ist Suki ein ideales Projekt für Nähanfängerinnen, die noch nie ein Kleid genäht haben. Erfahrene Hobbyschneiderinnen nähen es kurz mal zwischendurch. Je nach Accessoires wirkt es mehr oder weniger elegant – Sie können es mit Turnschuhen bei einem Wochenend-Brunch, aber auch mit einer schicken Halskette bei einer Konferenz tragen.

ZEIGEN SIE UNS IHRE PROJEKTE!

@TillyButtons #SewingSuki #MakeItSimpleBook

Vorderseite

Rückseite

GRÖSSENTABELLE

Körpermaße

GRÖSSE		BRUST-UMFANG	TAILLEN-UMFANG	HÜFT-UMFANG
1	UK 6 US 2 EUR 34	76cm	61cm	84cm
2	UK 8 US 4 EUR 36	81cm	66cm	89cm
3	UK 10 US 6 EUR 38	86,5cm	71cm	94cm
4	UK 12 US 8 EUR 40	91,5cm	76cm	99cm
5	UK 14 US 10 EUR 42	96,5cm	81cm	104cm
6	UK 16 US 12 EUR 44	101,5cm	86,5cm	109cm
7	UK 18 US 14 EUR 46	106,5cm	91,5cm	114cm
8	UK 20 US 16 EUR 48	112cm	96,5cm	119,5cm
9	UK 22 US 18 EUR 50	117cm	101,5cm	124.5cm
10	UK 24 US 20 EUR 52	122cm	106,5cm	129,5cm

Maße des fertigen Kleidungsstücks

GRÖSSE		BRUST-UMFANG	TAILLEN-UMFANG	HÜFT-UMFANG	RÜCKEN-LÄNGE
1	UK 6 US 2 EUR 34	101cm	92cm	92cm	101cm
2	UK 8 US 4 EUR 36	106cm	97cm	97cm	101cm
3	UK 10 US 6 EUR 38	111cm	102cm	102cm	102cm
4	UK 12 US 8 EUR 40	116cm	107cm	107cm	102cm
5	UK 14 US 10 EUR 42	121cm	112cm	112cm	103cm
6	UK 16 US 12 EUR 44	126cm	117cm	117cm	103cm
7	UK 18 US 14 EUR 46	131cm	122cm	122cm	104cm
8	UK 20 US 16 EUR 48	136cm	127cm	127cm	104cm
9	UK 22 US 18 EUR 50	141cm	132cm	132cm	105cm
10	UK 24 US 20 EUR 52	146cm	137cm	137cm	105cm

MATERIAL

Größe 1–5:

- □ 230 cm Stoff, 150 cm breit

Größe 6–10:

- □ 300 cm Stoff, 150 cm breit

Oder alle Größen:

- □ 300 cm Stoff, 115 cm breit
- □ Nähgarn in passender Farbe
- □ 30 cm Einlage in passender Stärke

STOFFEMPFEHLUNGEN

Leichte bis mittelschwere schön fallende Webstoffe wie Leinen, Chambray, Musselin, Lyocell (Tencel), Viskose oder Krepp.

ZUSCHNEIDEN

Schneiden Sie folgende Teile zu:

- □ **Vorder- und Rückenteil** – 2 x im Stoffbruch – 1 x mit vorderem und 1 x mit hinterem Halsausschnitt zuschneiden
- □ **Ärmel** – 2 x im Stoffbruch zuschneiden
- □ **Vorderer Beleg** – 1 x aus Stoff im Stoffbruch und 1 x aus Einlage zuschneiden
- □ **Hinterer Beleg** – 1 x aus Stoff im Stoffbruch und 1 x aus Einlage zuschneiden

Weitere Infos zum Zuschneiden und Markieren von Stoff finden Sie auf Seite 26–28.

Stoffbreite 150 cm
Größe 1–5

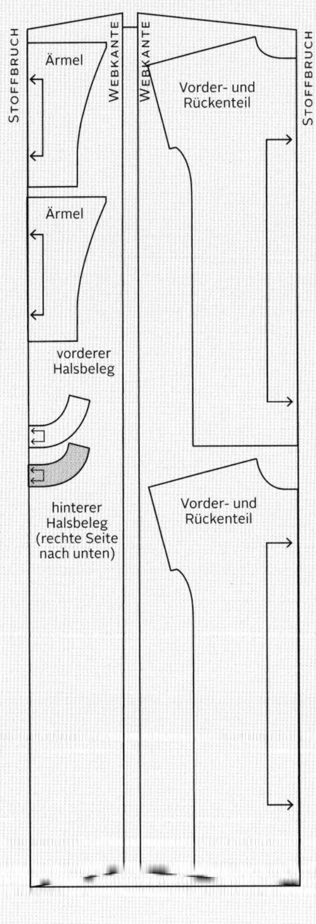

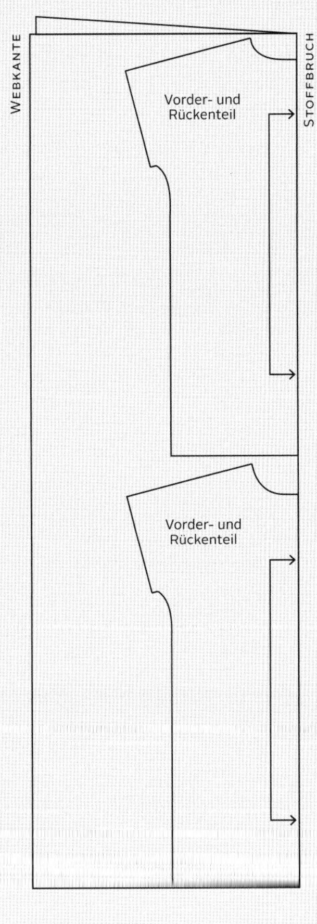

Stoffbreite 150 cm
Größe 6–10
Stoffbreite 115 cm
alle Größen

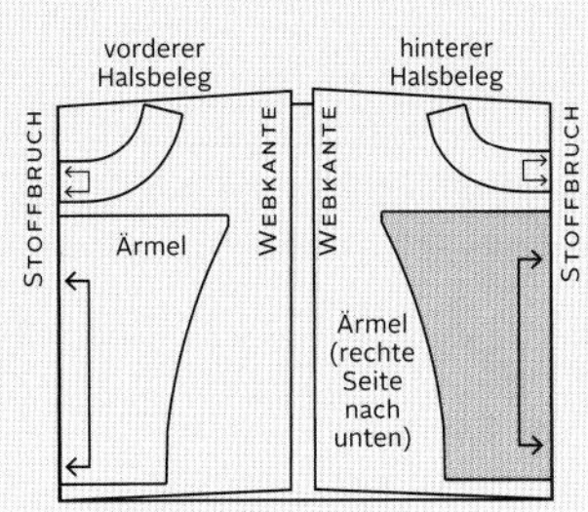

SIND SIE BEREIT? LOS GEHT'S!

Wenn nicht anders angegeben, rechts auf rechts mit 1,5 cm Nahtzugabe nähen.

SCHNITTTEILE VERSTÄRKEN

1 Zunächst werden die Belege mit Einlage (siehe Seite 31) verstärkt, um den Halsausschnitt zu stabilisieren. Die Einlage mit der beschichteten Seite nach unten auf die linke Seite der Belege legen und ohne Dampf aufbügeln. Hierfür mit dem Bügeleisen unter Druck mehrfach langsam über die Einlage gleiten.

2 Den vorderen und hinteren Halsausschnitt mit einer Stütznaht (siehe Seite 34) verstärken, damit er nicht ausleiert. Jeweils 1 cm neben der Kante von der Schulter zur Mitte steppen.

NEHMEN SIE SICH ZEIT

Vielleicht spielen Sie mit dem Gedanken, diesen Schritt einfach zu überspringen, doch ohne Stütznaht müssten Sie später einen formstabilen Beleg an einen elastischen Halsausschnitt steppen. Das dürfte Ihnen dann einiges Kopfzerbrechen bereiten.

SCHULTERNÄHTE SCHLIESSEN

3 Das Vorderteil rechts auf rechts auf das Rückenteil legen. Die Schulternähte stecken und steppen. Die Nahtzugaben zurückschneiden und mit Zickzackstichen, einer Zackenschere oder Overlockmaschine versäubern und auseinander- oder zum Rücken bügeln.

4 Die beiden Ausschnittbelege rechts auf rechts aufeinanderlegen. Die Schulternähte stecken und steppen.

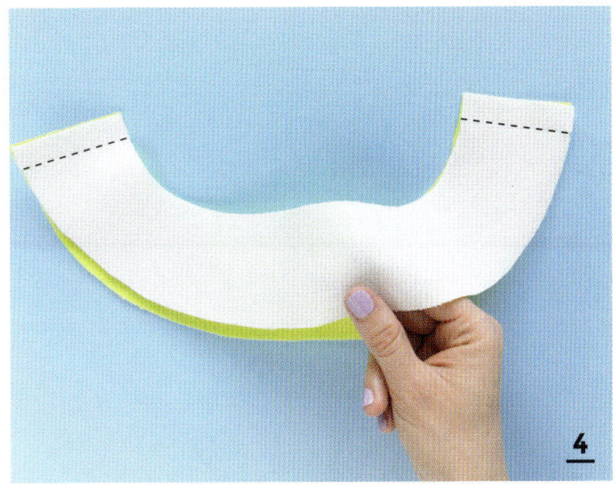

5 Die Nahtzugaben zurückschneiden und auseinanderbügeln. Sie müssen nicht versäubert werden, denn sie verschwinden später unter dem Beleg, und die Einlage verhindert das Ausfransen der Kanten. Die Außenkante des Beleges mit einer Zickzacknaht, einer Zackenschere oder Overlockmaschine versäubern.

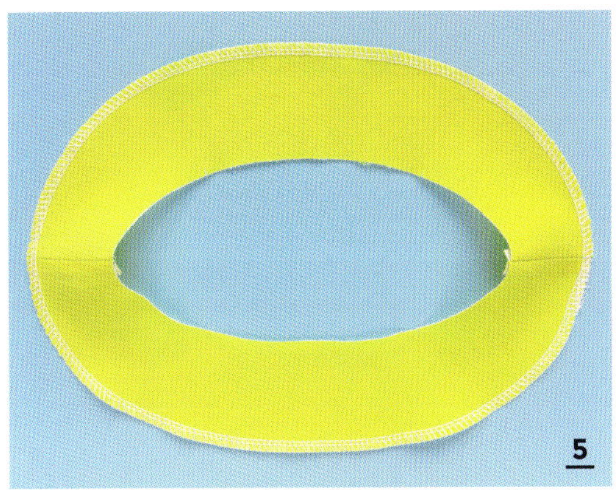

BELEG AUFSTEPPEN

6 Das Kleid aufklappen und mit der rechten Seite nach oben auf den Tisch legen. Den Beleg rechts auf rechts auf den Halsausschnitt legen und feststecken. Dabei darauf achten, dass Schulternähte und Markierungen aufeinandertreffen. Den Beleg mit der Belegseite nach oben aufsteppen.

7 Die Nahtzugaben versetzt zurückschneiden (siehe Seite 31), den Beleg etwas knapper als die Ausschnittkante. In den Rundungen die Nahtzugaben alle 2–3 cm vorsichtig bis knapp vor die Naht einschneiden – so liegt sie schön flach, wenn der Beleg nach innen gewendet wird (siehe Seite 29).

8 Beleg und Nahtzugaben zum Halsausschnitt drücken oder bügeln, den Beleg straff nach außen halten und knappkantig untersteppen (siehe Seite 35).

9 Den Beleg in den Ausschnitt bügeln. Die Naht dabei 1–2 mm nach innen drücken, damit sie von rechts nicht sichtbar ist.

10 Den Beleg an den Schulternähten feststecken und mit ein paar Stichen im Nahtschatten (siehe Seite 34) – also innerhalb der Nahtrille – feststeppen. Nahtanfang und -ende mit ein paar Rückstichen sichern. Wenn Sie sich nicht zutrauen, diese Naht präzise zu steppen, nähen Sie den Beleg von Hand an.

7

8

9

10

ÄRMEL ANNÄHEN

11 Das Kleid wieder ausgebreitet auf den Tisch legen. Einen Ärmel rechts auf rechts so auf das Kleid legen, dass die Markierungen aufeinandertreffen. Den Ärmel stecken und ansteppen (es spielt keine Rolle, welchen Ärmel Sie an welche Seite setzen, da die Ärmel symmetrisch sind).

12 Den zweiten Ärmel ansetzen. Die Nahtzugaben zurückschneiden und zum Kleid bügeln.

11

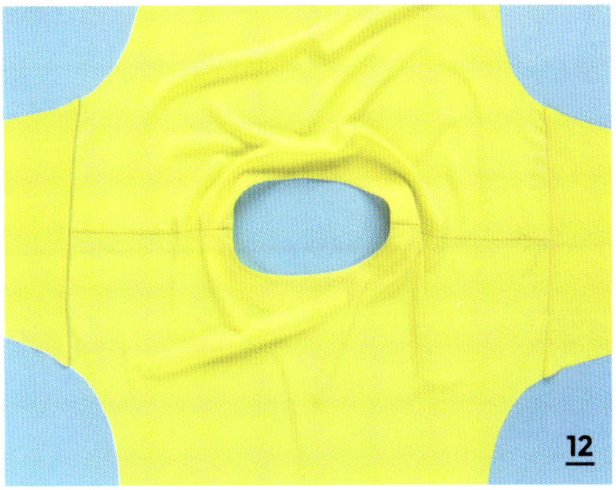

12

SEITENNÄHTE SCHLIESSEN

13 Das Vorderteil rechts auf rechts auf das Rückenteil legen, Unterarm- und Seitennähte stecken. Achten Sie darauf, dass Ärmelnähte und Markierungen passgenau aufeinanderliegen. Die Seitennähte mit einer durchgehenden Naht vom Ärmelsaum bis zum Kleidersaum schließen. Die Nahtzugaben zurückschneiden und versäubern und auseinander- oder zum Rücken bügeln.

13

KLEID UND ÄRMEL SÄUMEN

NEHMEN SIE SICH ZEIT

Stecken Sie die Ärmelsäume und den Kleidersaum etwa 2 cm breit, und probieren Sie das Kleid mit Ihren Lieblingsschuhen an. Die Säume bei Bedarf auf die gewünschte Länge kürzen.

14 Den Kleidersaum zweimal 1 cm breit umbügeln, feststecken und knapp neben der oberen Bügelfalte steppen (siehe Seite 34).

TIPP

Eine schnellere und genauere Methode für versierte Näherinnen: Steppen Sie eine Stütznaht auf die Saumzugabe (2 cm), und bügeln Sie die Säume entlang der Naht um.

15 Die Ärmelsäume zweimal 1 cm breit umbügeln, feststecken und innerhalb des Ärmels knapp neben der oberen Bügelfalte steppen.

TIPP

Wenn Sie eine Overlockmaschine haben, versäubern Sie die Saumkanten, bügeln Sie die Säume 2 cm breit um, und steppen Sie sie 1,5 cm neben der Bügelfalte.

Bügeln Sie Ihr Kleid, und klopfen Sie sich selbst auf die Schulter. Sie können richtig stolz auf sich sein.

ZEIGEN SIE UNS IHRE PROJEKTE!

@TillyButtons

#SewingSuki

#MakeItSimpleBook

KURZ UND KNAPP

Wenn nicht anders angegeben, rechts auf rechts mit 1,5 cm Nahtzugabe nähen.

BÜGELN

- ☐ Die Einlage auf die Ausschnittbelege

STEPPEN

- ☐ Stabilisierungsnaht am vorderen und hinteren Halsausschnitt
- ☐ Schulternähte des Kleids
- ☐ Schulternähte der Belege

ZURÜCKSCHNEIDEN

- ☐ Nahtzugaben der Schulternähte (Kleid)
- ☐ Nahtzugaben der Schulternähte (Belege)

VERSÄUBERN

- ☐ Schulternähte des Kleids
- ☐ Unterkante des Ausschnittbelegs, die Nahtzugaben dabei auseinanderdrücken

BÜGELN

- ☐ Nahtzugaben der Schulternähte zum Rücken
- ☐ Nahtzugaben des Belegs auseinander

STECKEN

- ☐ Beleg mit der Einlage nach oben an den Halsausschnitt

STEPPEN

- ☐ Beleg mit der Einlage nach oben an den Halsausschnitt

STECKEN

- ☐ Ärmel an das Kleid

STEPPEN

- ☐ Ärmel an das Kleid

ZURÜCKSCHNEIDEN

- ☐ Nahtzugaben des Halsausschnitts, versetzt an den Rundungen einschneiden
- ☐ Nahtzugaben der Ärmelnähte

VERSÄUBERN

- ☐ Nahtzugaben der Ärmelnähte

UNTERSTEPPEN

- ☐ Belege

BÜGELN

- ☐ Nahtzugaben der Ärmelnähte in die Ärmel
- ☐ Beleg in den Ausschnitt

STEPPEN

- ☐ Beleg an die Schulternähte (im Nahtschatten)

STECKEN

□ Unterarm- und Seitennähte

STEPPEN

□ Unterarm- und Seitennähte

VERSÄUBERN

□ Unterarm- und Seitennähte

BÜGELN

□ Nahtzugaben der Unterarm- und Seitennähte auseinander oder zum Rücken

□ Kleidersaum 2 x 1cm nach innen, stecken

□ Ärmelsäume 2 x 1cm nach innen, stecken

STEPPEN

□ Kleidersaum knapp unterhalb der oberen Bügelfalte

□ Ärmelsäume knapp unterhalb der oberen Bügelfalte

VARIATIONSMÖGLICHKEIT

COLORBLOCKING-KLEID

ZUSÄTZLICHER ZEITBEDARF: 45 MINUTEN

Eine schlichte Variante mit spektakulärer Wirkung: Der Schnitt wird in der Mitte schräg durchgeschnitten und wieder zusammengesetzt – ideal für Colorblocking mit unterschiedlichen (Druck-)Stoffen. Mit Streifenmustern lassen sich besonders dramatische Effekte erzielen. Sie müssen lediglich darauf achten, Stoffe mit gleichem Fall und Gewicht zu verwenden, damit das Kleid später schön fällt.

MATERIAL

- ☐ Sie benötigen zwei Stoffe. Um auszurechnen, wie viel Sie von welchem Stoff brauchen, müssen Sie zuerst das Schnittmuster ausschneiden (siehe Schritt 1–4 unten).
- ☐ Nähgarn in passender Farbe
- ☐ 30 cm Einlage in passender Stärke
- ☐ Großer Bogen Papier, Lineal und Bleistift

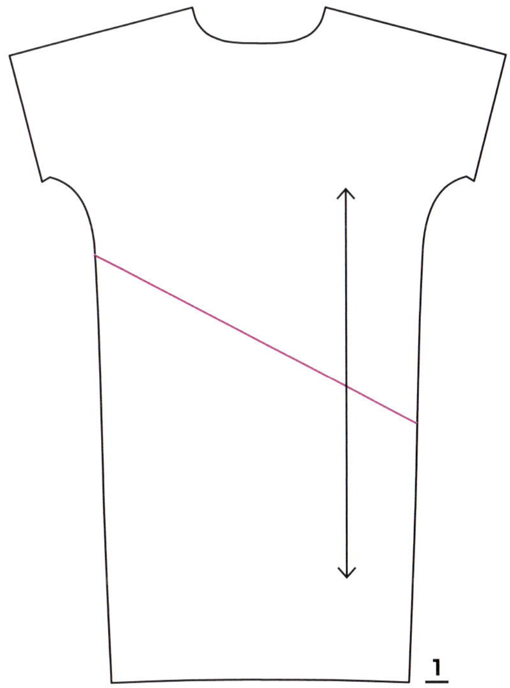

1

ZUSCHNEIDEN

1 Zeichnen Sie das Schnittmusterteil für das Kleid (ohne die Ärmel) auf einen großen Bogen Papier. Das Papier an der Linie für den Stoffbruch falten, das Muster spiegeln und ausschneiden. Fadenlauf und Markierungen einzeichnen. Die diagonale Linie für die Schrägnaht an der gewünschten Stelle und im gewünschten Winkel einzeichnen. Wenn Sie das Etuikleid Suki bereits genäht haben (siehe Seite 100–109), können Sie durch Aufstecken eines Stoffstreifens oder Bandes mit der Platzierung der Schrägnaht experimentieren.

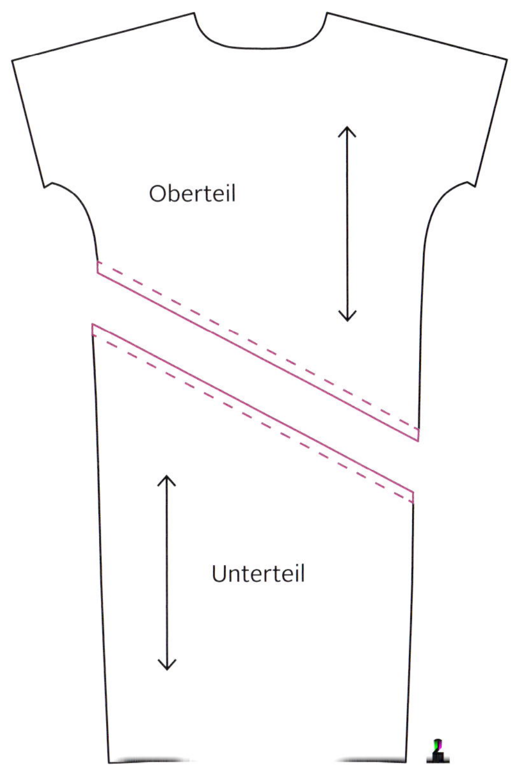

2

2 Die obere Hälfte des Schnittmusters bis zur neuen Schrägnaht auf Papier übertragen. 1,5 cm unterhalb dieser Linie parallel dazu eine weitere Linie für die Nahtzugabe einzeichnen und mit den Seitenkanten verbinden. Das Schnittmusterteil ausschneiden, mit „Kleid Suki – Oberteil – 2 x zuschneiden“ beschriften und den Fadenlauf einzeichnen. Die untere Hälfte des Schnittmusters bis zur neuen Schrägnaht auf Papier übertragen. 1,5 cm oberhalb dieser Linie parallel dazu eine weitere Linie für die Nahtzugabe einzeichnen und mit den Seitenkanten verbinden. Das Schnittmusterteil ausschneiden, mit „Kleid Suki – Unterteil – 2 x zuschneiden“ beschriften und den Fadenlauf einzeichnen.

3 Damit die Nahtzugaben später aufeinanderpassen das Unterteil an der Schrägkante auf das Oberteil legen (siehe Zeichnung). Am Oberteil am oberen Ende der Diagonalnaht eine Ecke bündig zur Diagonalnaht ergänzen. Am unteren Ende der Diagonalnaht die Ecke bündig zur Seitenkante des Unterteils abschneiden.

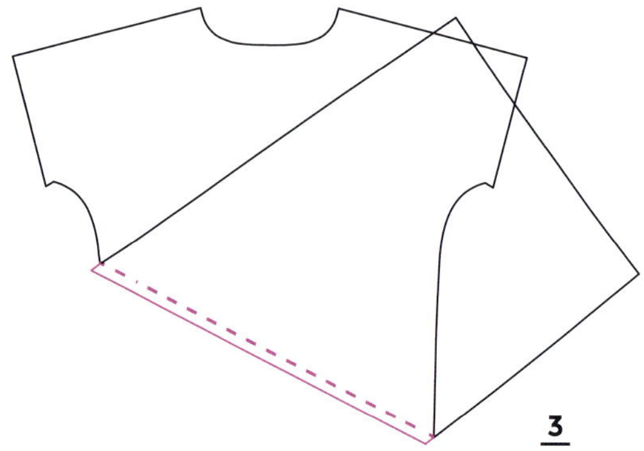

3

4 Dies sind Ihre neuen Schnittmusterteile. Schneiden Sie folgende Teile aus einfach gelegtem Stoff zu:

Oberteil – 2x aus Stoff A – 1x mit der rechten Seite nach oben und dem vorderen Halsausschnitt (Vorderteil) und 1x mit der linken Seite nach oben und dem hinteren Halsausschnitt (Rückenteil) zuschneiden

Unterteil – 2x aus Stoff B – 1x mit der rechten, 1x mit der linken Seite nach oben zuschneiden

Ärmel – 1x im Stoffbruch aus Stoff A und 1x im Stoffbruch aus Stoff B zuschneiden

Vorderer Ausschnittbeleg – 1x im Stoffbruch aus Stoff A und 1x aus Einlage zuschneiden

Hinterer Ausschnittbeleg – 1x im Stoffbruch aus Stoff A und 1x aus Einlage zuschneiden

Weitere Infos zum Zuschneiden und Markieren von Stoff finden Sie auf Seite 26–28.

Ober- und Unterteile rechts auf rechts zusammensteppen. Nahtzugaben zurückschneiden, versäubern und auseinanderbügeln.

Dann geht es weiter, wie auf Seite 104–108 beschrieben.

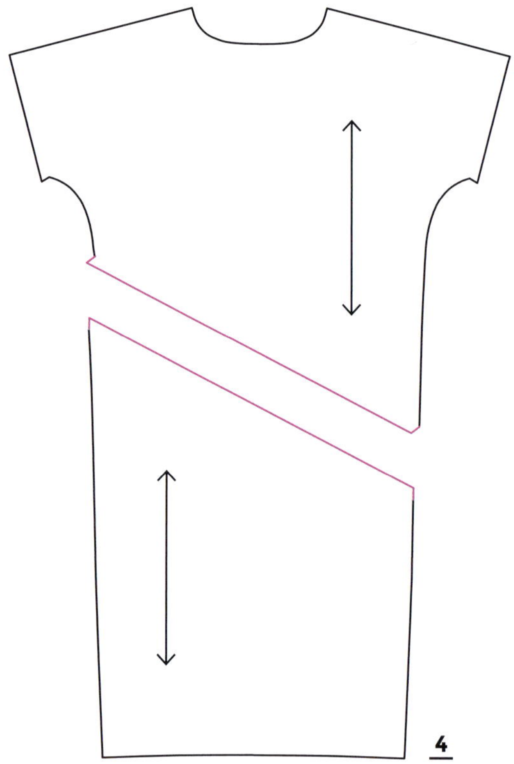

4

VARIATIONSMÖGLICHKEIT

KURZÄRMELIGE VERSION

NÄHZEIT INSGESAMT: 1 STUNDE 20 MINUTEN

Lassen Sie die Ärmel weg, und nähen Sie in Windeseile ein schickes Sommerkleid.

MATERIAL

Alle Materialien, die Sie für den Grundschnitt benötigen (siehe Seite 103), aber:

Alle Größen (Stoffbreite 115 und 150 cm):

□ 50 cm weniger Stoff

ZUSCHNEIDEN

Alle Teile außer den Ärmeln, wie für den Grundschnitt angegeben (siehe Seite 103), zuschneiden.

1 Das Kleid nähen, wie auf Seite 104–108 beschrieben, ohne Ärmel anzusetzen.

2 Nach dem Schließen der Seitennähte die Armausschnitte mit Zickzackstichen oder einer Overlocknaht versäubern und 1 cm nach innen bügeln. Feststecken und 7 mm neben der Bügelkante steppen.

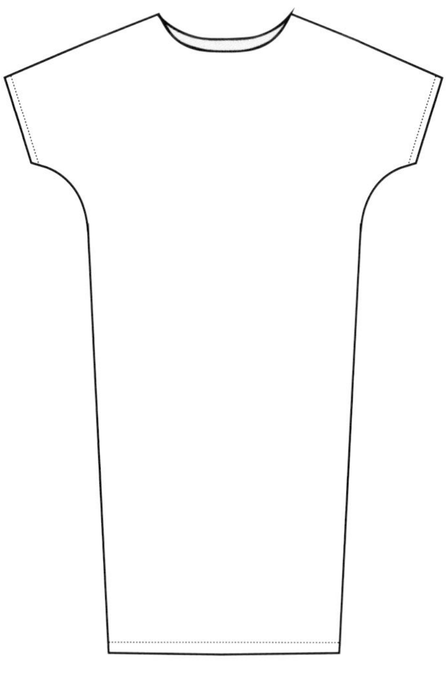

VARIATIONSMÖGLICHKEIT

BINDEGÜRTEL UND SCHLAUFEN

ZUSÄTZLICHER ZEITBEDARF (INKLUSIVE ENTWERFEN UND ZUSCHNEIDEN DER SCHNITTTEILE): 1 STUNDE

Mit einem Bindegürtel und XXL-Gürtelschlaufen können Sie Ihr Kleid auf einfache Weise taillieren. Das Schnittmuster – drei simple Rechtecke – entwerfen Sie selbst.

MATERIAL

Alle Materialien, die Sie für den Grundschnitt benötigen (siehe Seite 103), plus:

Alle Größen:

- □ 30 cm mehr Stoff
- □ 30 cm mehr Einlage
- □ Papier, Lineal und Bleistift

Rückseite

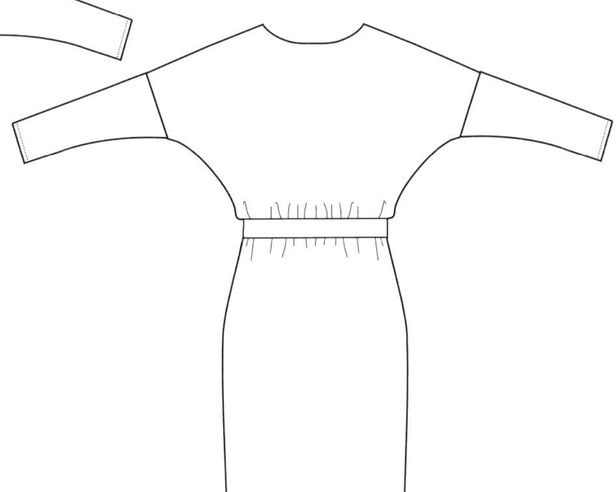

Vorderseite

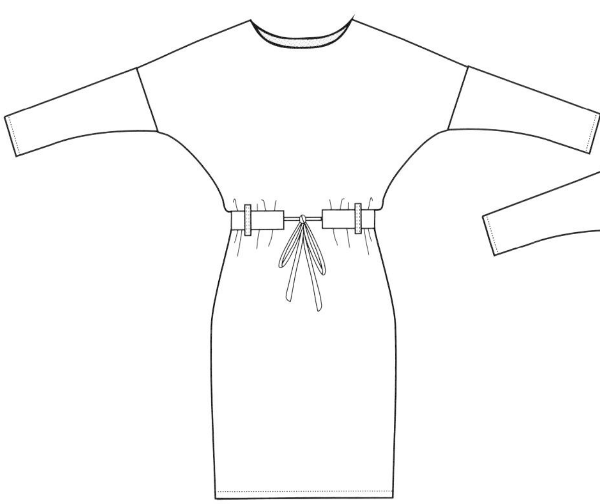

ZUSCHNEIDEN

Entwerfen Sie zuerst das Schnittmuster für den Bindegürtel und die Gürtelschlaufen. Zeichnen Sie hierfür drei Rechtecke in folgenden Größen auf ein Stück Papier, und schneiden Sie sie aus:

Gürtel:

- □ Höhe: 15 cm; Breite: die Hälfte Ihres Taillenumfangs minus 4 cm
- □ Parallel zu einer Schmalseite einen Doppelpfeil für den Stoffbruch einzeichnen und mit „Am Stoffbruch anlegen" beschriften.
- □ Das Schnittmuster mit „Kleid Suki – Gürtel – 1x im Stoffbruch (+ ½ x aus Einlage) zuschneiden" beschriften.

Bindeband:

- □ Höhe: 5 cm; Breite: 50 cm
- □ Den Fadenlauf parallel zu einer Schmalseite einzeichnen.
- □ Das Schnittmusterteil mit „Kleid Suki – Bindeband – 2x zuschneiden" beschriften.

Gürtelschlaufen:

- □ Höhe: 50 cm; Breite: 3,5 cm
- □ Den Fadenlauf parallel zu einer Längsseite einzeichnen.
- □ Das Schnittmusterteil mit „Kleid Suki – Gürtelschlaufe – 1x (+ 1x aus Einlage) zuschneiden" beschriften.

Zusätzlich zu den Schnittteilen für den Grundschnitt (siehe Seite 103) folgende Teile zuschneiden:

- □ **Gürtel** – 1x im Stoffbruch (+ ½ x aus Einlage, wenn Sie leichten Stoff verwenden) zuschneiden
- □ **Bindeband** – 2x zuschneiden
- □ **Gürtelschlaufen** – 1x (+ 1x aus Einlage, wenn Sie leichten Stoff verwenden) zuschneiden

Die Position der Gürtelschlaufen auf der rechten Seite von Vorder- und Rückenteil des Kleides mit Kreide, Kreidestift oder auswaschbarem Stift markieren.

Nähen Sie das Kleid, wie in Schritt 1–12 auf Seite 104–107 beschrieben, ohne die Seitennähte zu schließen und das Kleid zu säumen (Schritte 13–15).

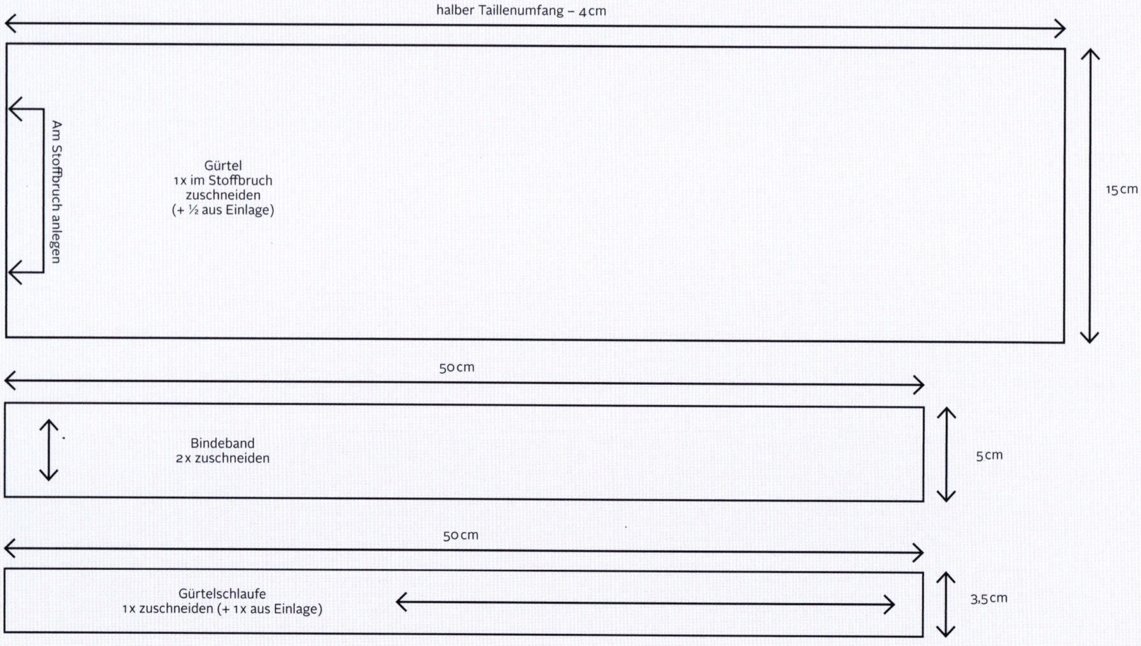

BINDEGÜRTEL NÄHEN

1 Beide Bindebänder der Länge nach rechts auf rechts mittig falten und die Falte einbügeln. Die Längsnaht schließen, wie auf Seite 58 beschrieben. Die Nahtzugaben zurückschneiden, die Bänder durch Ziehen an den Fäden auf rechts wenden und mit der Naht an der Seite flach bügeln. An einem Ende die unversäuberten Kanten etwa 1 cm nach innen schieben – z. B. mit der Spitze einer kleinen Schere – und zusammensteppen.

2 Bei leichten Stoffen die Einlage (siehe Seite 31) von links auf eine Hälfte des Gürtels aufbügeln.

3 Den Gürtel mit der rechten Seite nach oben auf den Tisch legen (die Einlage liegt unten). Die Bindebänder Kante an Kante auf den Gürtel legen, die Bandunterkante 4 cm oberhalb der Schärpenunterkante. Mit 1 cm Nahtzugabe aufsteppen.

4 Den Bindegürtel der Länge nach rechts auf rechts falten und die Falte einbügeln. Die offenen Kanten so zusammenstecken, dass die Bänder zwischen den Lagen liegen. In der Mitte eine etwa 5 cm breite Öffnung zum Wenden lassen. Die Nähte mit der Einlage nach oben steppen. Passen Sie dabei auf, dass die Bänder nicht in die Naht geraten. An der Öffnung die Nähte sorgfältig mit Rückstichen sichern.

TIPP

Markieren Sie beide Enden der Öffnung mit einer Stecknadel, damit Sie sehen, wo die Naht enden muss.

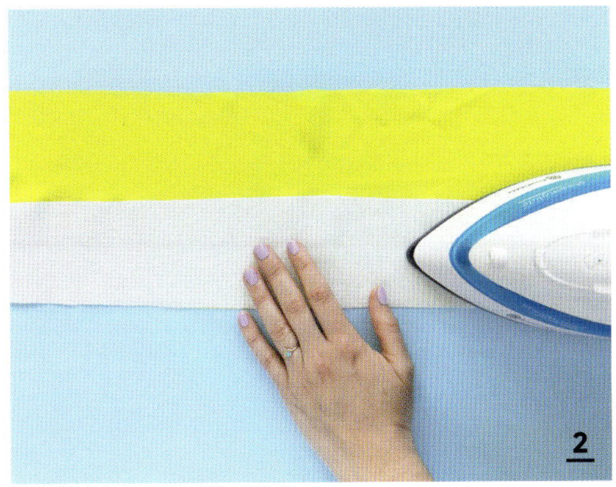

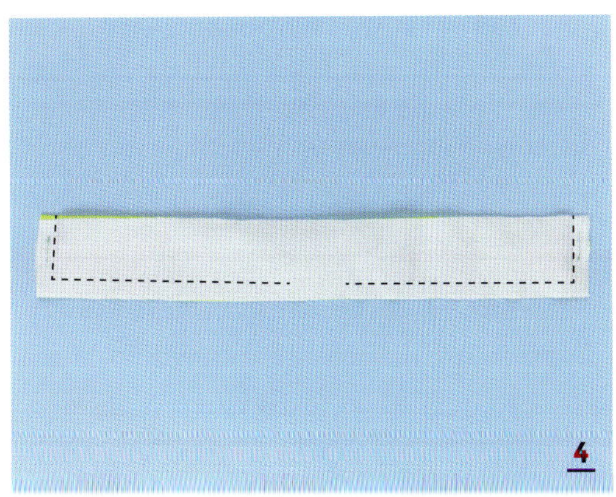

5 Die Nahtzugaben zurückschneiden – an der Öffnung nur wenig –, an den Ecken schräg kappen und an den beiden Nahtenden bis knapp vor die Naht einschneiden. Den Bindegürtel auf rechts wenden. Die Ecken mithilfe einer Stecknadel herausarbeiten und den Gürtel bügeln.

TIPP

Mit einem Nagelhautstäbchen lassen sich die Ecken ganz exakt herausarbeiten.

6 Die Nahtzugaben der Öffnung nach innen bügeln. Die Öffnung knappkantig steppen und die Naht an beiden Enden verriegeln.

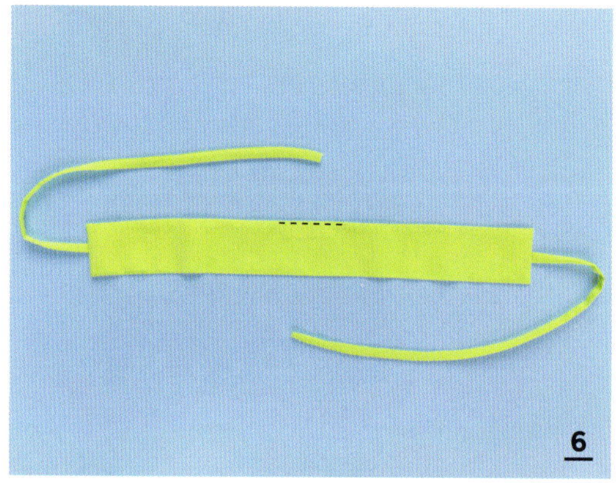

GÜRTELSCHLAUFEN ANNÄHEN

7 Das Band für die Gürtelschlaufen von links mit Einlage verstärken. Eine Längskante versäubern. Die unversäuberte Kante 1 cm nach links umbügeln und die versäuberte Kante 1 cm darüberbügeln. Beide Längskanten etwa 2 mm neben der Falzkante absteppen. Ich orientiere mich dabei an der entsprechenden Hilfsmarkierung auf der Stichplatte meiner Nähmaschine. Von dem am saubersten gearbeiteten Teil des Streifens vier 10 cm lange Stücke abschneiden.

8 Probieren Sie Ihr Kleid vor dem Schließen der Seitennähte an. Legen Sie den Gürtel um Ihre Taille, und prüfen Sie, ob die Schlaufen-Markierungen auf der richtigen Höhe sitzen – bei Bedarf versetzen Sie sie. Stecken Sie nun je ein Ende der Schlaufe rechts auf rechts auf die Markierung und steppen Sie sie mit 1 cm Nahtzugabe fest. Die Nähte durch Rückwärtsstiche sichern.

9 Die losen Enden der Schlaufen 1 cm umbügeln. Die Schlaufen gerade nach unten klappen, feststecken und jeweils 3–4 mm neben den Falzkanten aufsteppen.

10 Das Kleid fertigstellen, wie ab Schritt 13 auf Seite 107 beschrieben.

TIPP

Bei dickeren Stoffen können Sie einen gefalteten Stoffrest unter das hintere Ende des Nähfußes legen, um ihn am Beginn der Naht abzustützen.

WEITERE IDEEN

- Bedrucken Sie Ihren Stoff mit Siebdruckfarbe wie hier: Die weißen Rechtecke auf dem blauen Kleid (siehe rechts) habe ich aufgestempelt. Eine Anleitung finden Sie unter „How to print fabric" auf meiner Homepage tillyandthebuttons.com.
- Arbeiten Sie nach Schnittmuster und Anleitung der Hose Safiya (siehe Seite 49–50) Nahttaschen ein.
- Schneidern Sie statt des Kleides ein hüftlanges Top.
- Ersetzen Sie den runden Ausschnitt durch einen V-Ausschnitt.
- Nähen Sie das Kleid aus Strickstoff, wie z.B. Viskosejersey, Punto di Roma oder Stretchsamt, und fassen Sie den Halsausschnitt mit Schrägband ein.
- Kürzen Sie die Ärmel auf Halb- oder Dreiviertellänge.
- Steppen Sie von innen mit Zickzackstichen ein Gummiband auf die Taille.

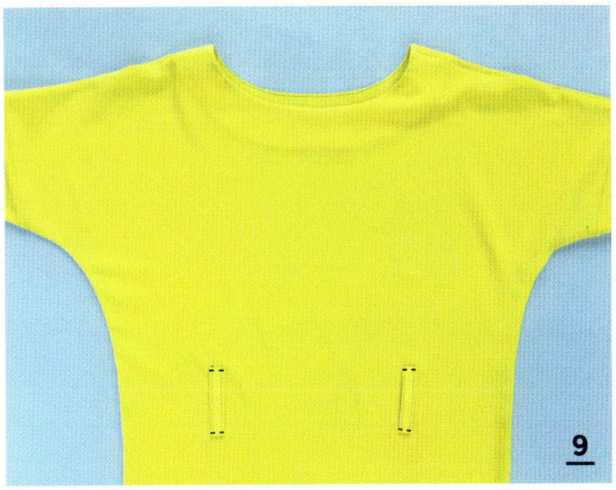

Tipps für stressfreies Nähen

- Ziehen Sie sich bequeme Kleidung an, und hören Sie Ihre Lieblingsmusik.
- Nähen Sie Dinge, die Ihnen wirklich gefallen.
- Naschen Sie zwischendurch.
- Verschieben Sie nicht schon wieder alles auf morgen – fangen Sie einfach an.
- Nähen Sie ein Probestück (siehe Seite 17).
- Überprüfen Sie vor dem Bügeln die Temperatur Ihres Bügeleisens, damit es den Stoff nicht verbrennt.
- Verabschieden Sie sich von jeglichem Perfektionismus.
- Genehmigen Sie sich nebenbei einen Drink (aber betrinken Sie sich nicht*).
- Machen Sie Pausen.
- Fragen Sie sich: Wie geht es am einfachsten?
- Sorgen Sie für einen aufgeräumten Nähplatz.
- Akzeptieren Sie Fehler – sie gehören einfach dazu.

* In betrunkenem Zustand findet man die Idee, schnell mal was Neues zu nähen, wahrscheinlich genial, doch am nächsten Morgen folgt unweigerlich das böse Erwachen, weil das neue Kleidungsstück plötzlich gar nicht mehr so toll aussieht. Nicht dass ich aus Erfahrung sprechen würde ...

CARDIGAN BERTHA

ZUSCHNEIDEDAUER: 40 MINUTEN
NÄHZEIT: 1 STUNDE 35 MINUTEN

Diese bequeme, hüftlange Jacke werden Sie sicher häufig tragen – und Sie können sich etwas darauf einbilden, dass Sie sie selbst genäht haben.

Mit ihren dramatischen Fledermausärmeln wirkt Bertha lässig und zugleich spektakulär. Die langen Armbündchen und das Taillenbündchen sorgen für eine klare Silhouette.

Bündchen statt Säume, Raglanärmel, die einfach angesetzt werden, und eine verschlusslose Blende – Bertha ist wirklich einfach zu nähen und passt dank des bequemen Oversize-Schnitts praktisch ohne Anprobieren.

ZEIGEN SIE UNS IHRE PROJEKTE!

@TillyButtons #SewingBertha #MakeItSimpleBook

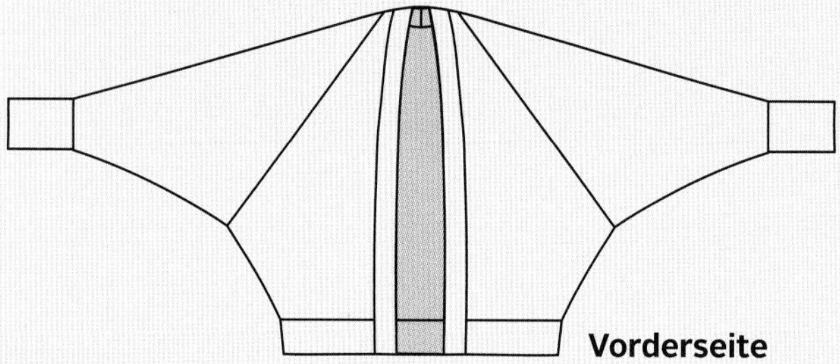

Vorderseite

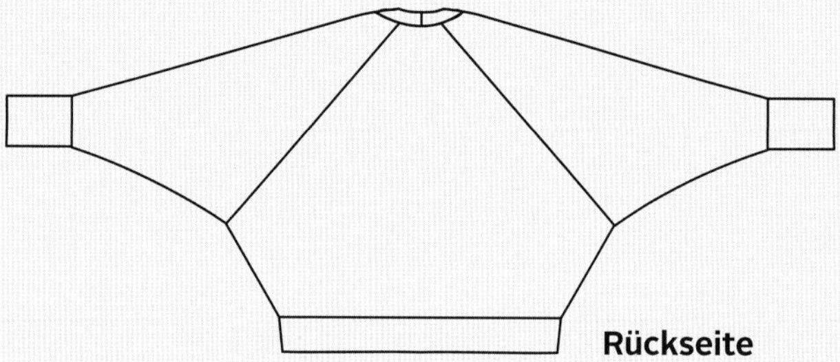

Rückseite

GRÖSSENTABELLE

Körpermaße

GRÖSSE		BRUST-UMFANG	TAILLEN-UMFANG	HÜFT-UMFANG
1	UK 6 US 2 EUR 34	76 cm	61 cm	84 cm
2	UK 8 US 4 EUR 36	81 cm	66 cm	89 cm
3	UK 10 US 6 EUR 38	86,5 cm	71 cm	94 cm
4	UK 12 US 8 EUR 40	91,5 cm	76 cm	99 cm
5	UK 14 US 10 EUR 42	96,5 cm	81 cm	104 cm
6	UK 16 US 12 EUR 44	101,5 cm	86,5 cm	109 cm
7	UK 18 US 14 EUR 46	106,5 cm	91,5 cm	114 cm
8	UK 20 US 16 EUR 48	112 cm	96,5 cm	119,5 cm
9	UK 22 US 18 EUR 50	117 cm	101,5 cm	124,5 cm
10	UK 24 US 20 EUR 52	122 cm	106,5 cm	129,5 cm

Maße des fertigen Kleidungsstücks

GRÖSSE		HÜFTUMFANG*	RÜCKENLÄNGE
1	UK 6 US 2 EUR 34	75,5 cm	59 cm
2	UK 8 US 4 EUR 36	80,5 cm	60 cm
3	UK 10 US 6 EUR 38	85,5 cm	60,5 cm
4	UK 12 US 8 EUR 40	90,5 cm	61 cm
5	UK 14 US 10 EUR 42	95,5 cm	62 cm
6	UK 16 US 12 EUR 44	100,5 cm	62,5 cm
7	UK 18 US 14 EUR 46	105,5 cm	63 cm
8	UK 20 US 16 EUR 48	110,5 cm	63,5 cm
9	UK 22 US 18 EUR 50	115,5 cm	64 cm
10	UK 24 US 20 EUR 52	120,5 cm	65 cm

* Der Cardigan endet auf Hüfthöhe und wird offen getragen.

MATERIAL

Größe 1–4:

- ☐ 140 cm Stoff, 150 cm breit, oder 180 cm Stoff, 115 cm breit

Größe 5–9:

- ☐ 180 cm Stoff, 150 cm breit, oder 190 cm Stoff, 115 cm breit

Größe 10:

- ☐ 180 cm Stoff, 150 cm breit, oder 230 cm Stoff, 115 cm breit

Alle Größen:

- ☐ Nähgarn in passender Farbe
- ☐ Ballpoint-Nähnadel
- ☐ Rollschneider und Schneidematte (nützlich zum Zuschneiden von Strickstoffen)

STOFFEMPFEHLUNGEN

Leichter bis mittelschwerer, schön fallender Strickstoff mit mindestens 10 % Elastizität in beide Richtungen. Für eine leichte Jacke z. B. Hacci-Strickstoff, Pulloverstrickstoff, Punto di Roma, Jacquardstrickstoff oder Viskosejersey. Wenn Sie einen dickeren Stoff bevorzugen, prüfen Sie vorher, ob Ihre Nähmaschine das schafft, denn es wird durch mehr als zwei Stofflagen genäht.

ZUSCHNEIDEN

Schneiden Sie folgende Teile zu:

- □ **Vorderteil** – 2x zuschneiden
- □ **Rückenteil** – 1x im Stoffbruch zuschneiden
- □ **Ärmel** – 2x zuschneiden
- □ **Blende** – 2x zuschneiden
- □ **Taillenbündchen** – 1x im Stoffbruch zuschneiden
- □ **Ärmelbündchen** – 2x zuschneiden

Weitere Infos zum Zuschneiden und Markieren von Stoff finden Sie auf Seite 26–28.

NEHMEN SIE SICH ZEIT

Achten Sie darauf, alle Markierungen vom Schnittmuster auf den Stoff zu übertragen. Der Schnit ist ungewöhnlich und Schnittteile können leicht verwechselt werden. Die Markierungen helfen beim Zusammensetzen.

Stoffbreite 150 cm

Größe 1–4

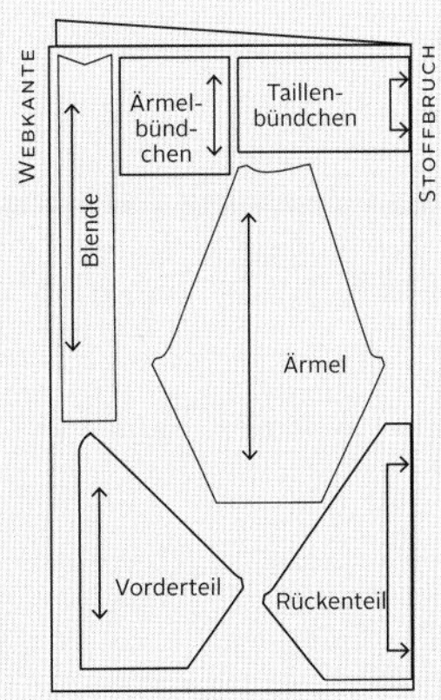

Größe 5–10

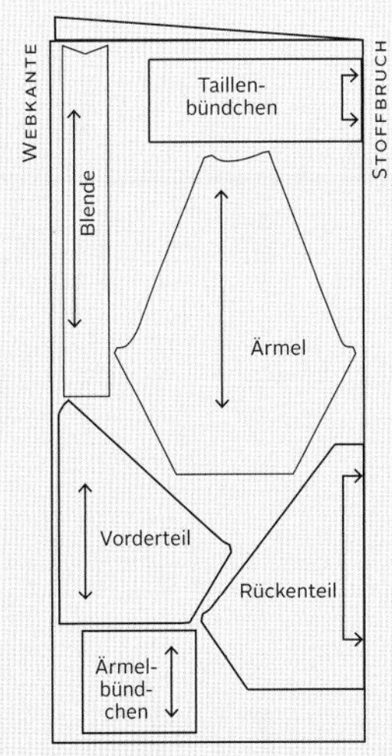

Stoffbreite 115 cm

Größe 1–4

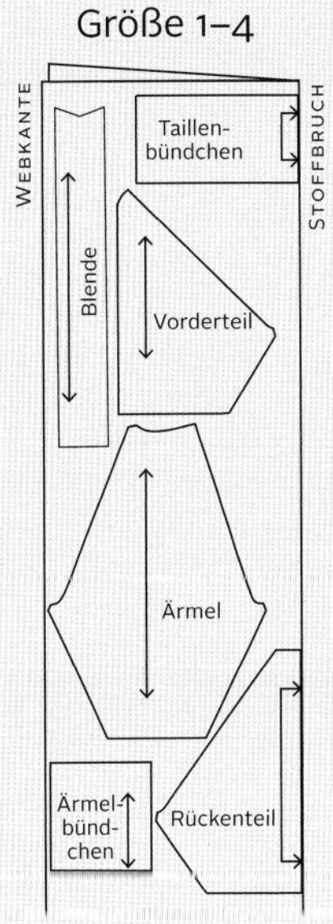

Größe 5–9

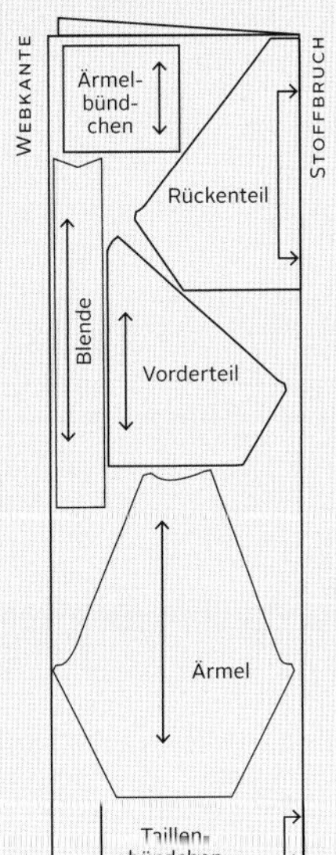

Größe 10

DIE ÄRMEL AUS EINFACH GELEGTEM STOFF ZUSCHNEIDEN

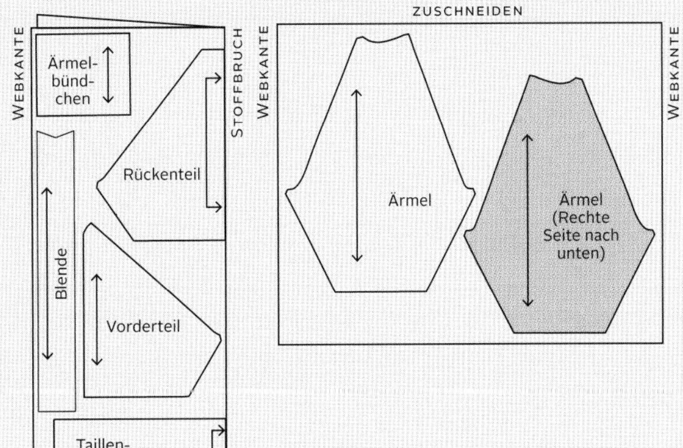

SIND SIE BEREIT? LOS GEHT'S!

Die Nahtzugabe beträgt für alle Nähte 1,5 cm. Wenn Sie eine herkömmliche Nähmaschine verwenden, steppen Sie die Nähte mit einem Zickzackstich. Er sollte 2,2–3 mm lang (oder länger bei dickeren Stoffen) und 1–1,5 mm breit sein. Beim Nähen mit der Overlockmaschine die Nahtzugaben direkt zurückschneiden. Weitere Tipps zum Nähen von Strickstoffen finden Sie auf Seite 16–17.

1

JACKE ZUSAMMENSETZEN

2

3

1 Legen Sie das Rückenteil mit der rechten Seite nach oben auf den Tisch. Die Ärmel, ebenfalls mit der rechten Seite nach oben, mit der hinteren Raglankante (sie hat zwei Markierungen) anlegen.

2 Einen Ärmel rechts auf rechts über das Rückenteil klappen, und die hintere Raglannaht stecken. Ecken und Markierungen liegen aufeinander. Die Naht steppen oder mit der Overlockmaschine schließen.

3 Den zweiten Ärmel auf dieselbe Weise ansetzen. Beim Nähen darauf achten, dass der erste Ärmel nicht versehentlich mitgefasst wird. Die beiden Ärmel wieder auffalten.

4 Die Vorderteile rechts auf rechts auf das Rückenteil legen und die Nähte der vorderen Raglannaht stecken. Ecken und Markierungen liegen aufeinander. Die Naht steppen oder mit der Overlockmaschine schließen.

5 Die Ärmel der Länge nach rechts auf rechts falten. Unterarm- und Seitennähte stecken – Ecken und Markierungen liegen aufeinander – und mit einer durchgehenden Naht vom Ärmelsaum bis zum Jackensaum schließen. Die Nahtzugaben der Raglannähte beim Darübernähen auseinander- oder zum Ärmel drücken. Wenn Sie eine herkömmliche Nähmaschine verwenden, die Nahtzugaben zurückschneiden.

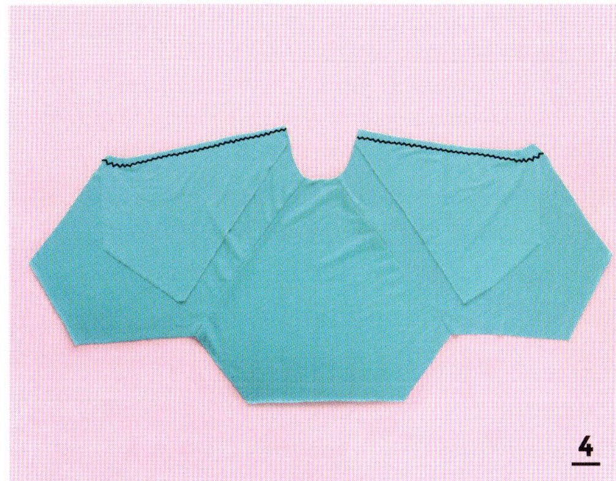
4

5

TAILLENBÜNDCHEN NÄHEN UND ANNÄHEN

6 Das Bündchen der Länge nach in der Mitte falten und die Falte einbügeln. Wenn Sie das Bügeleisen schon mal in der Hand haben, können Sie auch gleich die Nahtzugaben der Raglannähte auseinander- oder zu den Ärmeln und die Nahtzugaben der Unterarm- und Seitennähte auseinander- oder zum Rücken bügeln.

7 Den Cardigan mit der rechten Seite nach außen auf den Tisch legen und die Unterkante komplett ausbreiten. Das Bündchen mit den offenen Kanten bündig zur Unterkante von Rücken- und Vorderteilen auflegen und so aufstecken, dass die Ecken aufeinanderliegen und die Markierungen auf die Seitennähte treffen. Die Naht steppen. Wenn Sie eine herkömmliche Nähmaschine verwenden, die Nahtzugaben zurückschneiden. Siehe dazu „Nehmen Sie sich Zeit“ auf Seite 130.

6

7

NEHMEN SIE SICH ZEIT

Prüfen Sie, ob das Bündchen an beiden Enden bündig liegt – ist eine Stofflage verrutscht, die Naht so weit auftrennen wie nötig, die Stofflagen zurechtziehen und die Naht wieder schließen. Bei einer Haushaltsnähmaschine hilft ein Obertransportfuß.

BLENDE ANNÄHEN

8 Die beiden Teile für die Blende rechts auf rechts legen, das V-förmige Ende stecken und steppen. Wenn Sie eine herkömmliche Nähmaschine verwenden, die Nahtzugaben zurückschneiden.

9 Das Band auseinanderklappen und der Länge nach rechts auf rechts falten. Die Schmalseiten stecken und steppen. Wenn Sie eine herkömmliche Nähmaschine verwenden, die Nahtzugaben zurückschneiden.

10 Die Blende auf rechts falten. Die Ecken mit einer Stecknadel oder einem Ecken- und Kantenformer sauber herausarbeiten. Die Nahtzugabe der Mittelnaht auseinanderbügeln und die Blende von rechts bügeln.

11 Die Blende mit den offenen Kanten bündig zu den Kanten von Vorderteilen, Rückenteil und Bündchen auf die rechte Seite der Jacke legen: die hintere Mitte auf die hintere Mitte, Ecken und Markierungen aufeinander. Die Naht steppen oder mit der Overlockmaschine nähen. Wenn Sie das Taillenbündchen erreichen, drücken Sie beim Darübernähen die Nahtzugaben zum Oberteil und das Bündchen nach unten.

8

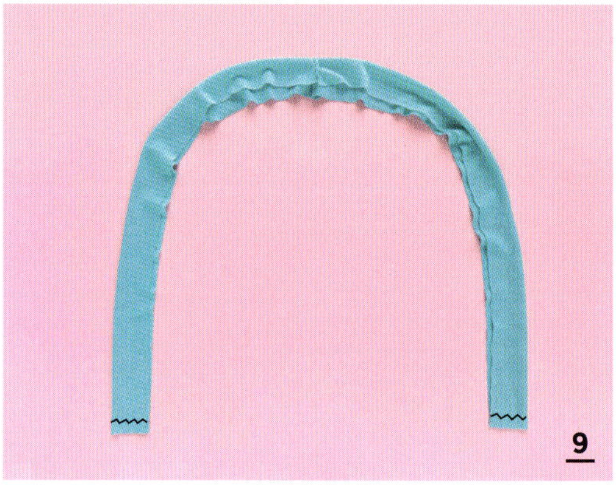

9

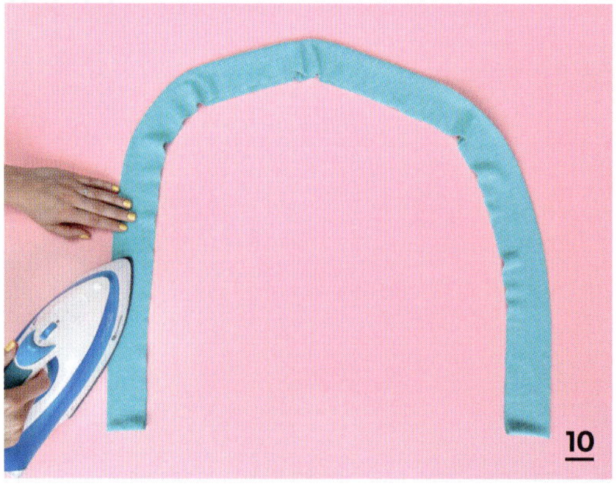

10

11

12 Wenn Sie eine herkömmliche Nähmaschine verwenden, die Nahtzugaben zurückschneiden. Das Taillenbündchen nach außen und die Nahtzugaben zum Oberteil bügeln. Die Blende nach außen und die Nahtzugaben nach innen bügeln. Die Enden der Nahtzugaben mit ein paar 3 x 3mm großen Zickzackstichen mit der Haushaltsnähmaschine an das Taillenbündchen steppen, damit sie fixiert sind.

12

TIPP

Nähen Sie die Zickzacknaht von oben nach unten, und beginnen Sie etwa 1cm oberhalb des Bündchenrands. Wenn Sie von unten nach oben nähen, wird der Stoff unter Umständen unter die Stichplatte gezogen.

ÄRMELBÜNDCHEN ANNÄHEN

13

13 Beide Ärmelbündchen der Länge nach rechts auf rechts falten, die Ärmelnähte (die mit den Markierungen!) stecken und steppen oder mit der Overlockmaschine nähen.

14

14 Wenn Sie eine herkömmliche Nähmaschine verwenden, die Nahtzugaben zurückschneiden. Die Nahtzugaben auseinander- oder zu einer Seite bügeln. Beide Bündchen der Breite nach links auf links falten und die Falte einbügeln.

15 Ärmel und Ärmelbündchen so zusammenlegen, dass die Naht zu einer Seite zeigt, den Falz auf der anderen Seite mit einer Stecknadel oder einem kleinen Einschnitt markieren. Die Bündchen von rechts über die Ärmel streifen, sodass die unversäuberten Kanten bündig aufeinanderliegen. Naht auf Naht und Markierung auf Markierung stecken. Die Bündchen sind etwas enger als die Ärmel, damit sie an den Handgelenken gut sitzen. Die Bündchen zwischen den Nadeln etwas dehnen und in der Mitte feststecken, sodass jedes Bündchen mit vier Nadeln fixiert ist.

16 Die Bündchen an die Ärmel steppen und dabei zwischen den Nadeln leicht dehnen.

17 Wenn Sie eine herkömmliche Nähmaschine verwenden, die Nahtzugaben zurückschneiden. Die Bündchen nach außen und die Nahtzugaben in die Ärmel bügeln.

Bügeln Sie Ihren Cardigan noch einmal, und kuscheln Sie sich hinein.

ZEIGEN SIE UNS IHRE PROJEKTE!

@TillyButtons

#SewingBertha

#MakeItSimpleBook

15

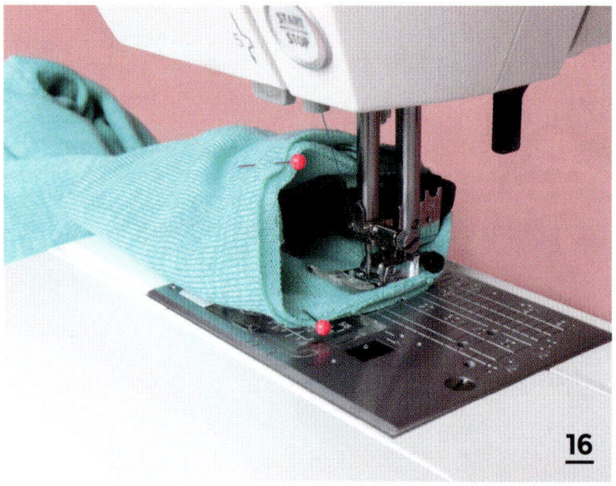

16

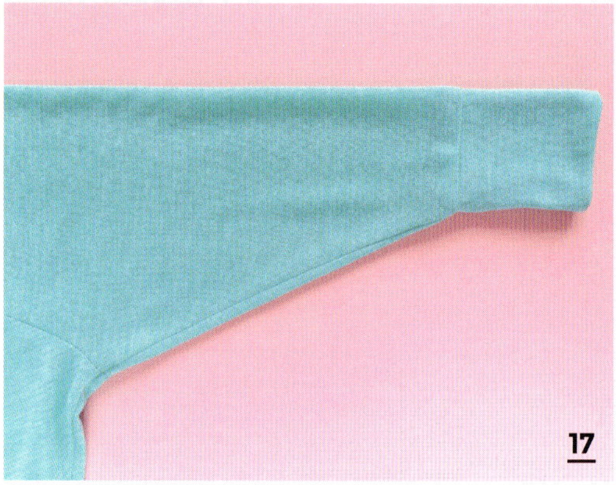

17

KURZ UND KNAPP

Wenn nicht anders angegeben, rechts auf rechts mit 1,5 cm Nahtzugabe nähen. Bei Verwendung einer herkömmlichen Nähmaschine die Nähte mit einem schmalen Zickzackstich schließen. Wenn Sie eine Overlockmaschine verwenden, die Nahtzugabe gleich zurückschneiden. Nahtzugaben vor dem Darübernähen auseinander- oder nach hinten drücken.

STECKEN

□ Beide Ärmel an das Rückenteil

□ Die Vorderteile an die Ärmel

□ Die beiden Teile der Blende an der V-förmigen Kante zusammen

□ Die markierten Kanten der Ärmelbündchen zusammen

STEPPEN ODER MIT DER OVERLOCKMASCHINE NÄHEN

□ Beide Ärmel an das Rückenteil

□ Die Vorderteile an die Ärmel

□ Die beiden Teile der Blende an der V-förmigen Kante zusammen

□ Die markierten Kanten der Ärmelbündchen zusammen

ZURÜCKSCHNEIDEN

(wenn Sie mit einer herkömmlichen Nähmaschine nähen)

□ Alle Nahtzugaben

STECKEN

□ Unterarm- und Seitennähte

□ Die Schmalseiten der Blende, vorher der Länge nach rechts auf rechts falten

STEPPEN ODER MIT DER OVERLOCKMASCHINE NÄHEN

□ Unterarm- und Seitennähte (die Nahtzugaben der Raglannähte zum Ärmel drücken)

□ Die Schmalseiten der Blende

ZURÜCKSCHNEIDEN

(wenn Sie mit einer herkömmlichen Nähmaschine nähen)

□ Alle Nahtzugaben

BÜGELN

□ Nahtzugaben der Raglannähte auseinander oder zum Ärmel

□ Nahtzugaben der Unterarm- und Seitennähte auseinander oder zum Rücken

□ Links auf links gefaltetes Taillenbündchen

□ Hintere Mittelnaht der Blende

□ Rechts auf rechts gefaltete Blende an Nähten und Falz

□ Links auf links gefaltete Ärmelbündchen

STECKEN

- □ Taillenbündchen an Vorder- und Rückenteil
- □ Ärmelbündchen unter Zug an die Ärmel

STEPPEN ODER MIT DER OVERLOCKMASCHINE NÄHEN

- □ Taillenbündchen an Vorder- und Rückenteil
- □ Ärmelbündchen unter Zug an die Ärmel

ZURÜCKSCHNEIDEN

(wenn Sie mit einer herkömmlichen Nähmaschine nähen)

- □ Alle Nahtzugaben

STECKEN

- □ Blende an Vorderteile, Rückenteil und Bündchen

STEPPEN ODER MIT DER OVERLOCKMASCHINE NÄHEN

- □ Halsbündchen an Vorderteile und Rückenteil (das Taillenbündchen nach unten und die Nahtzugaben nach oben drücken)

ZURÜCKSCHNEIDEN

(wenn Sie mit einer herkömmlichen Nähmaschine nähen)

- □ Alle Nahtzugaben

BÜGELN

- □ Ärmelbündchen nach außen und Nahtzugaben nach innen
- □ Taillenbündchen nach unten und Nahtzugaben nach oben
- □ Blende nach außen und Nahtzugaben nach innen

STEPPEN

(mit einer herkömmlichen Nähmaschine)

- □ Nahtzugaben der Blende an beiden unteren Enden mit ein paar Zickzackstichen (3 x 3mm) an das Taillenbündchen

VARIATIONSMÖGLICHKEIT

KÄNGURUTASCHEN

ZUSÄTZLICHER ZEITBEDARF: 45 MINUTEN

Weil ein Cardigan einfach Taschen braucht … Mit ihren schrägen Eingriffen, die den Verlauf der Raglannähte aufnehmen, sind diese tiefen Kängurutaschen nicht nur praktisch, sondern auch sehr effektvoll. Mit einem kontrastfarbenen oder bedruckten Stoff lassen sie sich noch mehr hervorheben.

Sie können diese Taschen ganz einfach selbst entwerfen. Sie werden vor dem Zusammensetzen der Jacke aufgesteppt. Beachten Sie, dass an manchen Nähten bis zu fünf Lagen Stoff übereinanderliegen. Wenn Sie befürchten, dass Ihre Nähmaschine das nicht schafft, verwenden Sie einen leichten Stoff.

MATERIAL

Alle Materialien, die Sie für den Grundschnitt benötigen (siehe Seite 127), plus:

- □ Etwa 40 cm zusätzlicher Stoff, je nach Schnittmuster für die Taschen (siehe Seite 139)
- □ Reststück Einlage (vorzugsweise elastisch)
- □ Großes Blatt Papier, Lineal und Bleistift

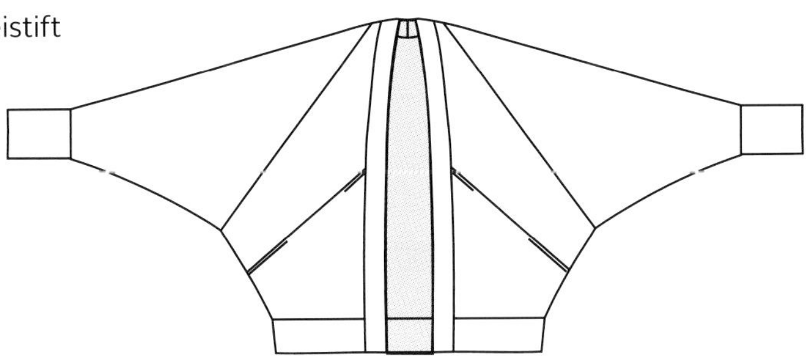

ZUSCHNEIDEN

1 Auf dem Schnittmusterteil für das Vorderteil des Cardigans an der für den Tascheneingriff gewünschten Stelle von der vorderen Kante bis zur Seitenkante eine diagonale Linie ziehen. In diesem Beispiel beginnt die Linie 28 cm oberhalb der Unterkante und endet an der Markierung für die Seitennaht. 1,5 cm oberhalb dieser Linie eine zweite Linie für die Nahtzugabe einzeichnen und die erste Linie ausradieren.

2 Den Schnitt für die Tasche auf ein neues Blatt Papier übertragen. Markierungspunkte und den Fadenlauf wie beim Vorderteil einzeichnen. Das neue Schnittmusterteil ausschneiden und mit „Cardigan Bertha – Tasche – 4 x zuschneiden" beschriften.

3 Vier Taschenteile und zwei Streifen Einlage zuschneiden: 1 cm breit und etwas kürzer als der diagonale Eingriff. Die Einlage mit der beschichteten Seite nach unten von links auf die Nahtzugabe zweier gegengleicher Taschenteile legen und aufbügeln (siehe Seite 31).

4 Die beiden verbliebenen Taschenteile rechts auf rechts auflegen und die Eingriffsnaht stecken, steppen oder mit einer Overlockmaschine nähen. Wenn Sie eine herkömmliche Nähmaschine verwenden, die Nahtzugaben zurückschneiden.

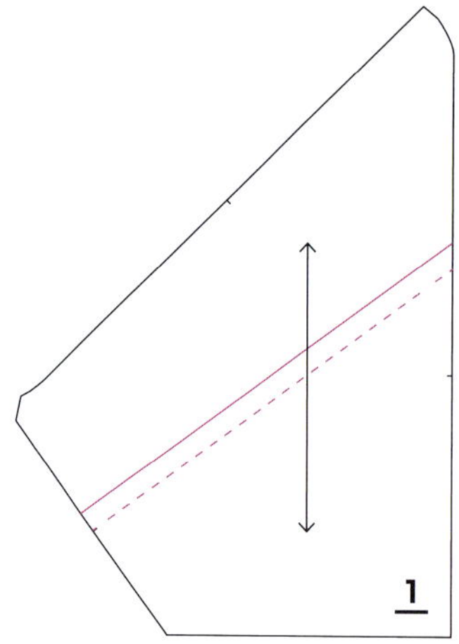

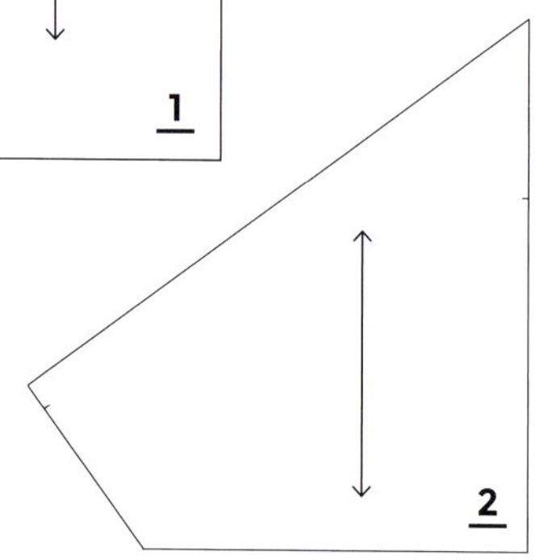

5 Die Nahtzugaben auseinander oder zu einer Seite bügeln, die Taschen an der Nahtkante auf rechts wenden und die Kante bügeln. Die Taschen mit der verstärkten Kante nach oben bündig auf die passenden Vorderteile legen, an drei Seiten aufstecken und mit einer herkömmlichen Nähmaschine 1 cm neben der Kante, also innerhalb der Nahtzugabe, mit langen Stichen aufsteppen (siehe Stabilisierungsnaht, Seite 34).

NEHMEN SIE SICH ZEIT

Strickstoffe rutschen einem beim Zuschneiden und Nähen gerne weg. Legen Sie die beiden Vorderteile dicht nebeneinander, und prüfen Sie, ob die Tascheneingriffe auf gleicher Höhe sind.

6 Damit die Tascheneingriffe nicht ausleiern, werden sie mit einem Geradstich 5 mm neben der Kante oben und unten auf das Vorderteil gesteppt. Die Nähte mit Rückstichen sorgfältig sichern. In diesem Beispiel ist die obere Naht (ab Vorderkante) 6 cm und die untere Naht (ab Seitenkante) 10 cm lang. Prüfen Sie vor dem Steppen, ob der Eingriff breit genug für Ihre Hand ist.

7 Den Cardigan nähen, wie in der Anleitung auf Seite 128–132 beschrieben, und dabei Taschen und Vorderteile als Einheit behandeln. Die Nahtzugaben der Taschen etwas schmaler zurückschneiden als die restlichen Nahtzugaben, damit sie nicht zu dick auftragen.

TIPP

Bei den meisten Nähmaschinen und Overlockmaschinen lässt sich der Druck des Nähfußes auf den Stoff mit einem Regler verringern, damit der Nähfuß möglichst leicht über die vielen Stofflagen gleitet. Vor allem beim Ansteppen des Taillenbündchens und der Blende sollten Sie diese Möglichkeit nutzen. Wenn Ihre Overlockmaschine dennoch Probleme macht, können Sie die Nahtzugaben vor dem Nähen bis auf die Stichbreite zurückzuschneiden, und die Stoffkanten beim Nähen an der Innenseite des Messers entlangführen.

VARIATIONSMÖGLICHKEIT

ÄRMELBÜNDCHEN MIT DAUMENLOCH

ZUSÄTZLICHER ZEITBEDARF: 40 MINUTEN

Wenn es draußen kalt wird, kann man sich so die Ärmelbündchen seiner Jacke über die Hände ziehen. Das praktische Daumenloch sorgt dafür, dass Sie dennoch problemlos Kaffee trinken können. Nichts zu danken! Wählen Sie für die Bündchen einen formstabilen Stoff, der nicht ausleiert.

MATERIAL

Alle Materialien, die Sie für den Grundschnitt benötigen (siehe Seite 126), plus:

- ☐ Etwa 10 cm Stoff
- ☐ Kleines Blatt Papier, Lineal, Bleistift

ZUSCHNEIDEN

Das Schnittmuster für die Ärmelbündchen um 30 cm verlängern und auf die Weite des Ärmels, 1,5 cm oberhalb der Unterkante gemessen, verbreitern. Die Markierungen des Originalschnittmusterteils plus vier Markierungen für das Daumenloch einzeichnen: auf beiden Seiten jeweils 8 cm und 14 cm ab der Längskante. Den Fadenlauf einzeichnen. Zwei Ärmelbündchen zuschneiden und an den Markierungen für die Daumenlöcher einschneiden.

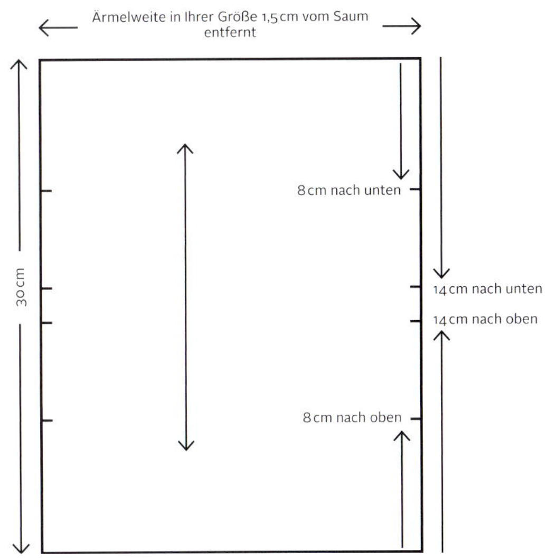

1 Die Bündchen der Länge nach rechts auf rechts falten, sodass die markierten Kanten aufeinanderliegen. Sie werden bis auf die Daumenlöcher zusammengesteppt. Mit einem schmalen Zickzackstich von einer Kante bis zur ersten Markierung nähen und das Nahtende sichern. Von der zweiten Markierung bis zur dritten Markierung nähen, beide Nahtenden verriegeln. Von der vierten Markierung bis zur Kante nähen und den Nahtanfang sichern.

2 Die Nahtzugaben auseinanderbügeln und das Bündchen der Breite nach links auf links falten, sodass die beiden Löcher für die Daumen aufeinanderliegen. Die Nahtzugaben auf einer Seite des Daumenlochs mit einer Hand nach innen drücken.

3 Mit der anderen Hand in das Bündchen fassen, die Nahtzugaben von innen zwischen Finger und Daumen nehmen und vorsichtig durch die Daumenöffnung nach außen ziehen, um das Bündchen nach links zu wenden. Die Nahtzugaben an beiden Enden des Daumenlochs zusammendrücken und mit einem schmalen Zickzackstich 1,2 cm neben der Kante steppen. Achten Sie darauf, dass kein anderer Teil des Bündchens mitgefasst wird.

4 Das Bündchen wieder auf rechts wenden und die Nahtzugaben auf der anderen Seite des Daumenlochs auf die gleiche Weise zusammensteppen. Das Bündchen auf rechts wenden und bügeln. Die Enden der Daumenlöcher bei Bedarf mit einem breiten, kurzen Zickzackstich (5 mm breit, 0,7–1 mm lang) verstärken. (Wenn Ihre Bündchen nun wie freundlich lächelnde Delfine aussehen, bekommen Sie Bonuspunkte.)

5 Den Cardigan nähen, wie auf Seite 128–131 (Schritt 1–12) beschrieben. Die Bündchen von rechts über die Ärmel streifen, sodass die unversäuberten Kanten bündig und die Nähte aufeinanderliegen. Die Bündchen stecken, ansteppen oder mit der Overlockmaschine annähen. Wenn Sie eine herkömmliche Nähmaschine verwenden, die Nahtzugaben zurückschneiden. Die Bündchen nach außen und die Nahtzugaben in die Ärmel bügeln.

2

3

4

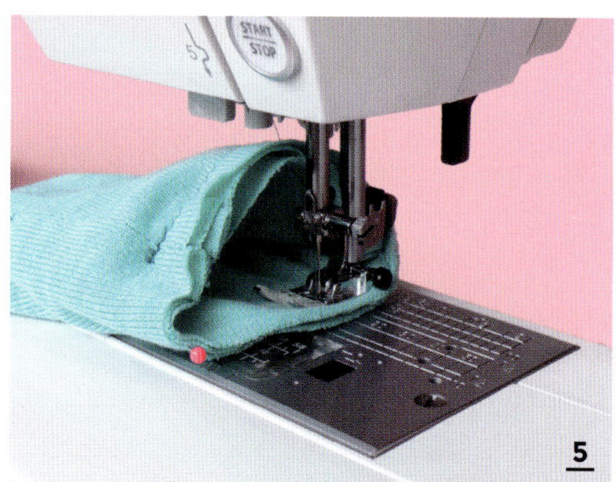
5

VARIATIONSMÖGLICHKEIT

POMPON-ÄRMEL

ZUSÄTZLICHER ZEITBEDARF: 30 MINUTEN–1 STUNDE

Mit aufgenähten Pompons – entweder kunterbunt oder in abgestuften Farbtönen – wirkt Ihr Cardigan supersüß.

MATERIAL

Alle Materialien, die Sie für den Grundschnitt benötigen (siehe Seite 126), plus:

- ☐ Pompons aus Wolle
- ☐ Nähgarn in passenden Farben
- ☐ Handnähnadel

1 Die Pompons werden von Hand auf den fertigen Cardigan genäht (siehe Seite 128–132), z.B. auf die Ärmel – was immer Ihnen gefällt. Achten Sie darauf, beim Nähen immer durch die Mitte der Pompons zu stechen. Bingo!

WEITERE IDEEN

- Verwenden Sie für die Bündchen Ihres Cardigans Rippenbündchen mit Glitzer oder in Regenbogenfarben.
- Kombinieren Sie kontrastierende Farben und verschiedene Drucke.
- Nähen Sie aus leichtem Viskosejersey ein Sommerjäckchen, kürzen Sie dafür die Ärmel.
- Verzieren Sie Schultern oder Tascheneingriffe mit einem abstrakten Stickmuster oder aufgestickten Blüten.
- Nähen Sie zum Verschließen des Cardigans Bänder an die Blenden.
- Kreieren Sie einen Morgenmantel, indem Sie die Seitennähte begradigen und Vorder- und Rückenteil verlängern.

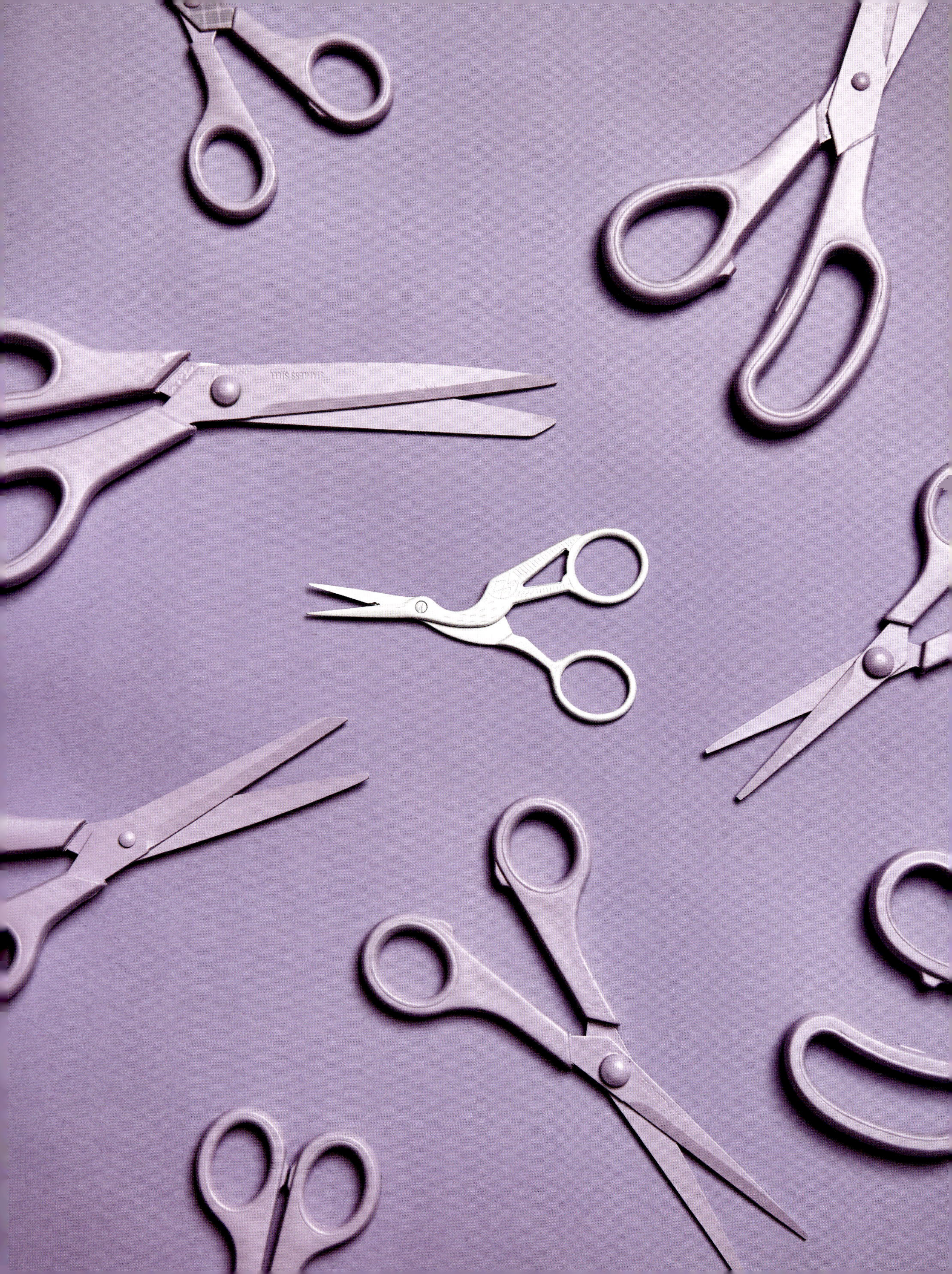
STAINLESS STEEL

Woran erkenne ich einfache Schnittmuster?

Sie sind auf der Suche nach weiteren einfachen Schnittmustern, die wenig Arbeit machen? Dann halten Sie Ausschau nach Schnitten, die sich durch folgende Eigenschaften auszeichnen:

- Einfache Passform – bei Projekten mit legerem Sitz und/oder aus Strickstoff kommt es nicht auf den Zentimeter an. Strickstoffe passen praktisch von selbst, weil sie elastisch sind und sich der Körperform anpassen.
- Möglichst wenige Nähte und Details – so hat man weniger zu nähen und zu säumen.
- Keine Kräuselnähte oder eingesetzte Ärmel – ersparen Sie sich die Fummelei, die das Einhalten oder (möglichst gleichmäßiges) Kräuseln von Stoff unweigerlich mit sich bringt.
- Keine Reißverschlüsse oder Knopflöcher – wenn Sie einmal viel Zeit und Energie haben, können Sie sich immer noch damit beschäftigen.
- Elastische Bündchen oder Tunnelzüge, Wickeloptik oder Bindebänder – lauter einfache Möglichkeiten zum Formen und Verschließen von Kleidungsstücken ohne Reißverschlüsse oder Knöpfe.
- Bewährungsprobe bestanden – Ihre Lieblingsschnitte, die garantiert passen, sodass Sie kaum Zeit mit Anproben und dem Lesen von Nähanleitungen verbringen müssen. Ich hoffe, dass einige Schnitte aus diesem Buch es bei Ihnen in diese Kategorie schaffen werden.

POP
CORN

PYJAMA JUNO

ZUSCHNEIDEDAUER: 50 MINUTEN
NÄHZEIT: 2 STUNDEN 40 MINUTEN

Dieser Pyjama ist so süß und bequem, dass Sie ihn nach dem Aufstehen am liebsten anbehalten würden. Wie eine unserer Testnäherinnen so treffend bemerkte, ist er kuschleig genug für faule Tage im Bett und elegant genug, um dem Postboten die Tür zu öffnen.

Sie benötigen dafür weichen Jersey – wenn Sie mögen, mit einem modernen oder ausgefallenen Muster. Mit farblich passenden oder kontrastierenden Ärmel- und Fußbündchen können Sie richtig auf den Putz hauen. Da sie eng anliegen, strecken sie die Beine optisch. Das Top wird nach demselben Schnittmuster geschneidert wie das T-Shirt Tabitha (mit angesetzten Ärmelbündchen). Dazu kommt eine Leggins mit Gummizug in der Taille. Sie können den Pyjama mit einer herkömmlichen Nähmaschine oder mit einer Overlockmaschine nähen.

ZEIGEN SIE UNS IHRE PROJEKTE!

@TillyButtons #SewingJuno #MakeItSimpleBook

Vorderseite

Rückseite

MATERIAL

Größe 1–6:

□ 230 cm Stoff, 150 cm breit

Größe 7–10:

□ 280 cm Stoff, 150 cm breit

Oder Größe 1–5:

□ 270 cm Stoff, 115 cm breit

Größe 6–10:

□ 390 cm Stoff, 115 cm breit

Alle Größen:

□ 60 cm Bündchenstoff für das Hals- und die Ärmelbündchen, 70 cm breit

□ Nähgarn in passender Farbe

□ 2 cm breites Gummiband in der Länge Ihres Unterbauchumfangs (etwa 2,5 cm unterhalb der Taille – siehe Schritt 9, Seite 154)

□ 30 cm Satinband, elastisches transparentes Nahtband oder elastische Einlage zur Stabilisierung der Schulternähte, 6–9 mm breit

□ Ballpoint-Nähnadel

□ Rollschneider und Schneidematte (nützlich zum Zuschneiden von Strickstoffen)

STOFFEMPFEHLUNGEN

Leichter bis mittelschwerer Jersey oder Pointelle-Strick mit mindestens 10 % Dehnbarkeit in beide Richtungen. Entscheiden Sie sich für einen atmungsaktiven Stoff, der angenehm auf der Haut liegt. Für den Halsausschnitt und die Bündchen benötigen Sie Bündchenstoff aus Feinripp.

GRÖSSENTABELLE

Körpermaße

GRÖSSE		BRUST-UMFANG	TAILLEN-UMFANG	HÜFT-UMFANG
1	UK 6 US 2 EUR 34	76cm	61cm	84cm
2	UK 8 US 4 EUR 36	81cm	66cm	89cm
3	UK 10 US 6 EUR 38	86,5cm	71cm	94cm
4	UK 12 US 8 EUR 40	91,5cm	76cm	99cm
5	UK 14 US 10 EUR 42	96,5cm	81cm	104cm
6	UK 16 US 12 EUR 44	101,5cm	86,5cm	109cm
7	UK 18 US 14 EUR 46	106,5cm	91,5cm	114cm
8	UK 20 US 16 EUR 48	112cm	96,5cm	119,5cm
9	UK 22 US 18 EUR 50	117cm	101,5cm	124,5cm
10	UK 24 US 20 EUR 52	122cm	106,5cm	129,5cm

Maße des fertigen Kleidungsstücks: Oberteil

GRÖSSE		BRUST-UMFANG	TAILLEN-UMFANG	HÜFT-UMFANG	RÜCKEN-LÄNGE
1	UK 6 US 2 EUR 34	80cm	80cm	80cm	55,5cm
2	UK 8 US 4 EUR 36	85cm	85cm	85cm	56cm
3	UK 10 US 6 EUR 38	90cm	90cm	90cm	56,5cm
4	UK 12 US 8 EUR 40	95cm	95cm	95cm	57cm
5	UK 14 US 10 EUR 42	100cm	100cm	100cm	57,5cm
6	UK 16 US 12 EUR 44	105cm	105cm	105cm	58cm
7	UK 18 US 14 EUR 46	110cm	110cm	110cm	58,5cm
8	UK 20 US 16 EUR 48	115cm	115cm	115cm	59cm
9	UK 22 US 18 EUR 50	120cm	120cm	120cm	60cm
10	UK 24 US 20 EUR 52	125cm	125cm	125cm	60,5cm

Maße des fertigen Kleidungsstücks: Hose

GRÖSSE		TAILLEN-UMFANG*	HÜFT-UMFANG	BEININNEN-LÄNGE
1	UK 6 US 2 EUR 34	61cm	84cm	69.5cm
2	UK 8 US 4 EUR 36	66cm	89cm	69.5cm
3	UK 10 US 6 EUR 38	71cm	94cm	69.5cm
4	UK 12 US 8 EUR 40	76cm	99cm	70cm
5	UK 14 US 10 EUR 42	81cm	104cm	70cm
6	UK 16 US 12 EUR 44	86,5cm	109cm	70cm
7	UK 18 US 14 EUR 46	91,5cm	114cm	70,5cm
8	UK 20 US 16 EUR 48	96,5cm	119,5cm	70,5cm
9	UK 22 US 18 EUR 50	101,5cm	124,5cm	71cm
10	UK 24 US 20 EUR 52	106,5cm	129,5cm	71cm

* Das Gummiband sorgt dafür, dass die Hose nicht rutscht.

ZUSCHNEIDEN

Schneiden Sie folgende Teile zu:

- □ **Vorderes Oberteil** – 1x im Stoffbruch zuschneiden
- □ **Hinteres Oberteil** – 1x im Stoffbruch zuschneiden
- □ **Ärmel** – 2x mit der für das Pyjamaoberteil markierten Saumkante zuschneiden
- □ **Halsbündchen** – 1x aus Bündchenstoff im Stoffbruch zuschneiden
- □ **Ärmelbündchen** – 2x aus Bündchenstoff im Stoffbruch zuschneiden
- □ **Vorderes Hosenbein** – 2x zuschneiden
- □ **Hinteres Hosenbein** – 2x zuschneiden
- □ **Beinbündchen** – 2x im Stoffbruch zuschneiden

Weitere Infos zum Zuschneiden und Markieren von Stoff finden Sie auf Seite 26–28.

Stoffbreite 115 cm

Größe 1–5 Größe 6–10

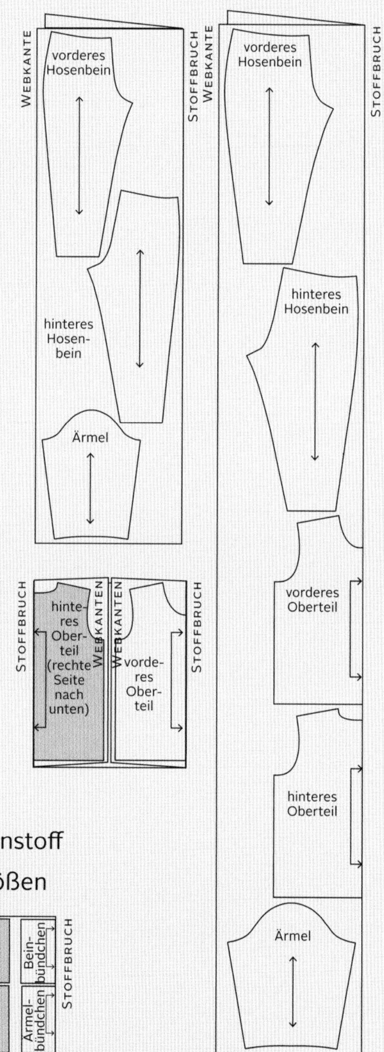

Stoffbreite 150 cm

Größe 1–6 Größe 7–10

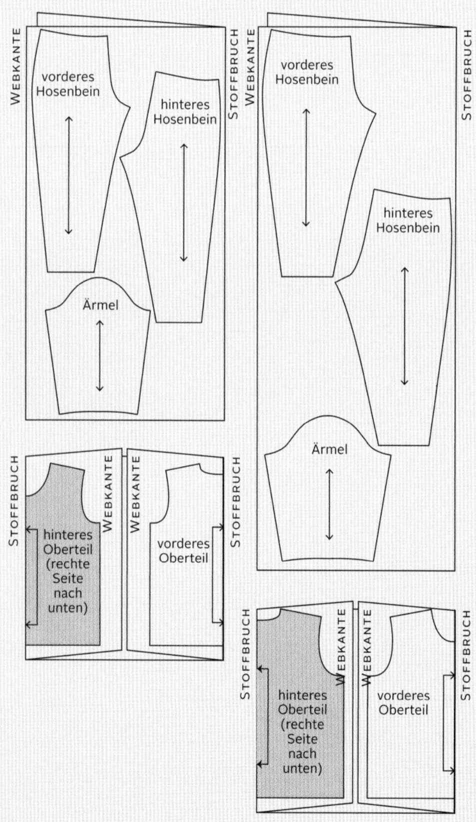

Bündchenstoff

alle Größen

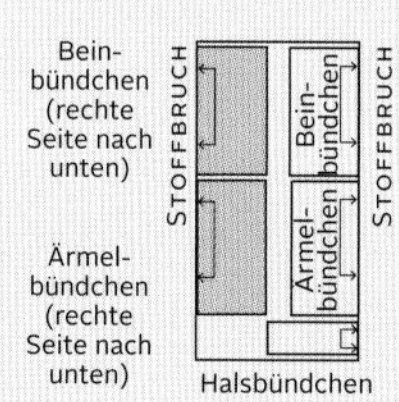

SIND SIE BEREIT? LOS GEHT'S!

Wenn nicht anders angegeben, rechts auf rechts mit 1,5 cm Nahtzugabe oder mit der Overlockmaschine nähen. Wenn Sie eine herkömmliche Nähmaschine verwenden, die Nähte mit einem schmalen Zickzackstich (2–2,5 mm lang und 1–1,5 mm breit) schließen. Wenn Sie mit einer Overlockmaschine nähen, die Nahtzugabe gleich zurückschneiden. Weitere Hinweise zum Verarbeiten von Strickstoffen finden Sie auf Seite 16–17.

OBERTEIL NÄHEN

1 Das Oberteil des Pyjamas nach der Anleitung für das T-Shirt Tabitha mit Dreiviertelarm (siehe Seite 79–83) nähen. Die Ärmel nicht säumen.

ÄRMELBÜNDCHEN ANNÄHEN

2 Beide Bündchen der Länge nach rechts auf rechts falten, sodass die Markierungen aufeinanderliegen, und die Längskanten stecken. Die Nähte steppen oder mit der Overlockmaschine schließen.

3 Wenn Sie eine herkömmliche Nähmaschine verwenden, die Nahtzugaben zurückschneiden. Nahtzugaben auseinander- oder zu einer Seite bügeln. Die Bündchen der Breite nach in der Mitte links auf links falten und den Falz einbügeln.

NEHMEN SIE SICH ZEIT

Schieben Sie sich ein Bündchen über das Handgelenk und prüfen Sie, ob es passt. Sitzt es zu locker, nähen Sie es enger. Prüfen Sie außerdem, ob die Ärmel mit angesetzten Bündchen die passende Länge haben. Die Bündchen auf die Ärmel schieben und 3 cm oberhalb der Saumkante (das entspricht den beiden Nahtzugaben) feststecken. Die Ärmel bei Bedarf kürzen.

4 Ärmel und Ärmelbündchen so zusammenlegen, dass die Naht zu einer Seite zeigt, den Falz auf der anderen Seite mit einer Stecknadel oder einem kleinen Einschnitt markieren. Die Bündchen über die Ärmel schieben, sodass die unversäuberten Kanten bündig aufeinanderliegen. Sie sind etwas enger als die Ärmel, damit sie an den Handgelenken gut sitzen. Naht auf Naht und Markierung auf Markierung stecken. Die Bündchen zwischen den Nadeln etwas dehnen und in der Mitte feststecken, sodass beide jeweils mit vier Nadeln fixiert sind.

5 Die Bündchen an die Ärmel steppen und dabei zwischen den Stecknadeln leicht dehnen.

6 Wenn Sie eine herkömmliche Nähmaschine verwenden, die Nahtzugaben zurückschneiden. Die Bündchen nach außen und die Nahtzugaben in die Ärmel bügeln.

4

5

6

PYJAMAHOSE ZUSAMMEN-SETZEN

7 Je ein vorderes und ein hinteres Hosenbeinteil rechts auf rechts legen – Kante auf Kante und Markierung auf Markierung – und die Beininnen- und -außennähte stecken. Die Nähte steppen oder mit der Overlockmaschine schließen. Wenn Sie eine herkömmliche Nähmaschine verwenden, die Nahtzugaben zurückschneiden.

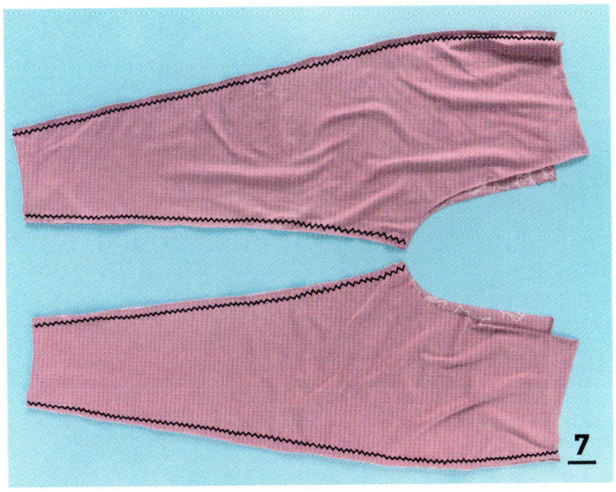
7

TIPP

Sie wissen nicht mehr, wo an den Hosenbeinen vorne und hinten ist? Die Kante für die Schrittnaht ist hinten länger als vorne.

8 Ein Hosenbein auf rechts wenden und in das andere Hosenbein schieben, sodass der Stoff rechts auf rechts liegt. Kanten und Markierungen bündig legen, die Schrittnaht stecken und steppen oder mit der Overlockmaschine schließen. Die Nahtzugaben der Beininnennaht beim Darübernähen auseinander- oder nach hinten drücken. Achten Sie darauf, dass Sie nur zwei Stofflagen zusammennähen, nicht vier. Wenn Sie eine herkömmliche Nähmaschine verwenden, die Nahtzugaben zurückschneiden. Die Nahtzugaben der Beininnen- und -außennaht auseinander- oder nach hinten bügeln, die Nahtzugaben der Schrittnaht auseinander- oder zu einer Seite bügeln.

8

NEHMEN SIE SICH ZEIT

Wenn Sie gerne Yoga im Pyjama machen, verstärken Sie den Boden der Schrittnaht mit einer zusätzlichen Reihe schmaler Zickzackstiche mit einer herkömmlichen Nähmaschine, damit er nicht ausreißen kann.

GUMMIBAND ANNÄHEN

9 Die Pyjamahose soll auf den Hüften sitzen, etwa 2,5cm unterhalb der Taille. Messen Sie Ihren Bauchumfang auf dieser Höhe, ziehen Sie 10% ab und addieren Sie 1,5cm Nahtzugabe. Das Gummiband auf die ermittelte Länge zuschneiden. Die Enden 1,5cm übereinanderlegen, ohne das Band zu verdrehen, und mit einer herkömmlichen Nähmaschine mit zwei Nähten zusammensteppen (siehe Foto). Die Nahtenden gut mit Rückstichen verriegeln.

10 Das Gummiband zweimal in der Mitte falten und alle vier Falze mit einer Stecknadel markieren. Die Pyjamahose auf rechts wenden. Das Gummiband von innen so an die Bundkante stecken, dass die vier Stecknadeln auf die Enden der Schrittnaht und die Seitennähte treffen.

11 Das Gummiband zwischen den Nadeln gleichmäßig dehnen und rundum feststecken.

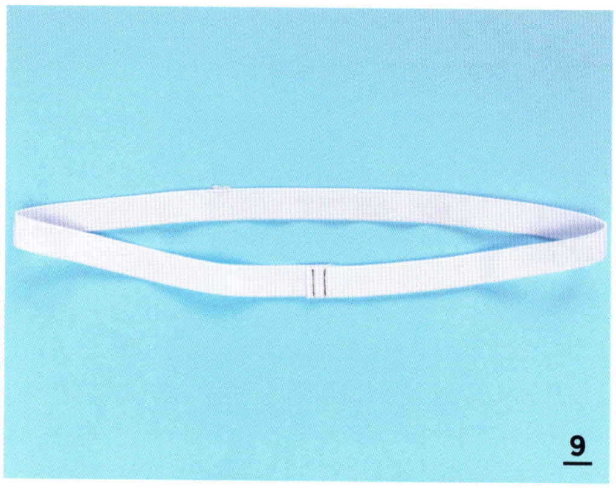
9

10

11

12 Das Gummiband knapp unterhalb der Bundkante von innen an die Hose nähen und dabei zwischen den Nadeln leicht dehnen. Wenn Sie eine herkömmliche Nähmaschine verwenden, stellen Sie einen breiten Zickzackstich (etwa 3,5 x 3,5 mm) ein. Wenn Sie mit der Overlockmaschine nähen, die Nahtzugaben nicht zurückschneiden.

12

TIPP

Halten Sie Stoff und Gummiband beim Nähen immer straff, sodass sie leicht durch die Maschine gleiten und eine gleichmäßige Raffung entsteht.

13 Das Gummiband nach innen umschlagen, sodass es unter dem Stoff verschwindet und die unversäuberte Stoffkante in dem Falz liegt. Das Band an den Seitennähten und der Schrittnaht feststecken, etwas dehnen und mit ein paar weiteren Stecknadeln fixieren.

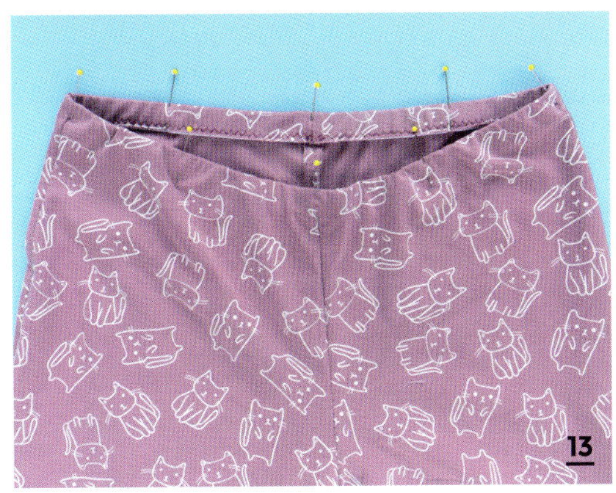

13

14 Das umgeschlagene Bündchen 1,5 cm unterhalb der Falzkante mit Zickzackstichen oder einer Zwillingsnadel feststeppen. Dabei das Gummiband zwischen den Nadeln gleichmäßig dehnen, damit der Stoff sich nicht verzieht oder in Falten legt. (Über ein paar unsauber gearbeitete Stellen sollten Sie sich nicht den Kopf zerbrechen – sie werden sehr wahrscheinlich gar nicht auffallen.)

14

BEINBÜNDCHEN ANNÄHEN

15 Die Beinbündchen auf die gleiche Weise arbeiten und ansteppen wie die Ärmelbündchen (siehe Schritt 2–6, Seite 151–152).

15

Den Pyjama noch mal bügeln – und reinschlüpfen.

ZEIGEN SIE UNS IHRE PROJEKTE!

@TillyButtons

#SewingJuno

#MakeItSimpleBook

POP
CORN

KURZ UND KNAPP

Wenn nicht anders angegeben, rechts auf rechts mit 1,5 cm Nahtzugabe nähen. Die Nähte mit einem schmalen Zickzackstich steppen oder mit einer Overlockmaschine nähen und die Nahtzugaben gleich zurückschneiden. Zum Absteppen (siehe Seite 34) mit einer Haushaltsnähmaschine einen Zickzackstich (2,5 x 2,5 mm) oder eine Zwillingsnadel verwenden. Nahtzugaben vor dem Darübernähen auseinander- oder nach hinten drücken.

VORBEREITUNG

- ☐ Die Schultern von links mit Nahtband verstärken

STECKEN

- ☐ Schulternähte
- ☐ Schmale Kanten des Halsbündchens
- ☐ Längskanten der Ärmelbündchen
- ☐ Beininnen- und -außennähte
- ☐ Längskanten der Beinbündchen

STEPPEN ODER MIT DER OVERLOCKMASCHINE NÄHEN

- ☐ Schulternähte
- ☐ Schmalseiten des Halsbündchens
- ☐ Längsnaht der Ärmelbündchen
- ☐ Beininnen- und -außennähte
- ☐ Längsnaht der Beinbündchen
- ☐ Enden des Gummibands 1,5 cm überlappend

ZURÜCKSCHNEIDEN
(bei einer herkömmlichen Nähmaschine)

- ☐ Nahtzugaben der Schulternähte
- ☐ Nahtzugaben an der Schmalseite des Halsbündchens
- ☐ Nahtzugaben der Hosenbeinnähte
- ☐ Nahtzugaben an den Ärmelbündchen
- ☐ Nahtzugaben an den Hosenbündchen

BÜGELN

- ☐ Nahtzugaben der Schulternähte auseinander oder nach hinten
- ☐ Nahtzugaben des Halsbündchens auseinander oder zu einer Seite
- ☐ Der Länge nach mittig links auf links gefaltetes Halsbündchen
- ☐ Nahtzugaben der Hosenbeinnähte auseinander oder nach hinten
- ☐ Nahtzugaben der Ärmelbündchen auseinander oder zu einer Seite
- ☐ Der Breite nach mittig auf links gefaltete Ärmelbündchen
- ☐ Nahtzugaben der Fußbündchen auseinander oder zur Seite
- ☐ Der Breite nach mittig auf links gefaltete Beinbündchen

STECKEN

- ☐ Halsbündchen an den Halsausschnitt
- ☐ Schrittnaht der Hose

STEPPEN ODER MIT DER OVERLOCKMASCHINE NÄHEN

- ☐ Halsbündchen an den Halsausschnitt
- ☐ Schrittnaht der Hose

ZURÜCKSCHNEIDEN
(bei einer herkömmlichen Nähmaschine)

- ☐ Nahtzugaben an Halsbündchen und Halsausschnitt
- ☐ Nahtzugaben der Schrittnaht

BÜGELN

- □ Halsbündchen nach außen, Nahtzugaben unter das T-Shirt
- □ Schrittnaht

ABSTEPPEN
(mit einer herkömmlichen Nähmaschine)

- □ Halsbündchen

STECKEN

- □ Einen Ärmel an einen Armausschnitt
- □ Gummiband an die Bundkante der Pyjamahose, gleichmäßig gedehnt

STEPPEN ODER MIT DER OVERLOCKMASCHINE NÄHEN

- □ Einen Ärmel an einen Armausschnitt
- □ Gummiband unter Dehnen an Hosenbund (mit einer herkömmlichen Nähmaschine)

STECKEN

- □ Den anderen Ärmel an den Armausschnitt
- □ Nach innen gefalteten Bund der Pyjamahose

STEPPEN ODER MIT DER OVERLOCKMASCHINE NÄHEN

- □ Den anderen Ärmel an den Armausschnitt
- □ Hosenbund unter Dehnen entlang Falzkante (mit einer herkömmlichen Nähmaschine)

ZURÜCKSCHNEIDEN
(bei einer herkömmlichen Nähmaschine)

- □ Nahtzugaben der Ärmelnaht

STECKEN

- □ Unterarm- und Seitennähte

STEPPEN ODER MIT DER OVERLOCKMASCHINE NÄHEN

- □ Unterarm- und Seitennähte des Oberteils

ZURÜCKSCHNEIDEN
(wenn Sie eine herkömmliche Nähmaschine verwenden)

- □ Nahtzugaben der Unterarm- und Seitennähte

BÜGELN

- □ Nahtzugaben der Ärmelnähte in die Ärmel
- □ Nahtzugaben der Unterarm- und Seitennähte auseinander oder zum Rücken
- □ Saum des Oberteils 3 cm nach innen

STECKEN

- □ Saum des Oberteils
- □ Ärmelbündchen an die Ärmel
- □ Fußbündchen an die Hosenbeine

STEPPEN
(mit einer herkömmlichen Nähmaschine)

- □ Saum des Oberteils

STEPPEN ODER MIT DER OVERLOCKMASCHINE NÄHEN

- □ Ärmelbündchen an die Ärmel
- □ Fußbündchen an die Hosenbeine

BÜGELN

- □ Ärmelbündchen nach außen
- □ Fußbündchen nach außen

VARIATIONSMÖGLICHKEIT

KURZER PYJAMA

ZUSCHNEIDEDAUER (INKLUSIVE ENTWURF DES SCHNITTMUSTERS): 50 MINUTEN
NÄHZEIT: 2 STUNDEN

Dieser süße Pyjama für die heiße Jahreszeit ist noch schneller fertig als die lange Version. Für die Hose benötigen Sie nur wenig Stoff. Eine gute Gelegenheit zur Verwertung von Stoffresten!

MATERIAL

Die unten angegebenen Stoffmaße gelten für Shorts mit einer Beininnenlänge von 6 cm. Den Stoffbedarf für längere Hosenbeine kalkulieren Sie nach dieser Formel: Wunschlänge x 2 plus angegebene Stoffmenge.

Größe 1–6:

☐ 150 cm Stoff, 150 cm breit

Größe 7–10:

☐ 200 cm Stoff, 150 cm breit

Oder Größe 1–3:

☐ 190 cm Stoff, 115 cm breit

Größe 4–10:

☐ 270 cm Stoff, 115 cm breit

Alle Größen:

☐ 10 cm Bündchenstoff für den Halsausschnitt, 70 cm breit

☐ Nähgarn in passender Farbe

☐ 2 cm breites Gummiband in der Länge Ihres Unterbauchumfangs (etwa 2,5 cm unterhalb der Taille – siehe Schritt 9, Seite 154)

☐ 30 cm breites Satinband, elastisches transparentes Nahtband oder elastische Einlage zur Stabilisierung der Schulternähte, 6–9 mm breit

☐ Ballpoint-Nähnadel

☐ Rollschneider und Schneidematte (nützlich zum Zuschneiden von Strickstoffen)

☐ Papier, Bleistift und Lineal

Stoffbreite 150 cm

Größe 1–6

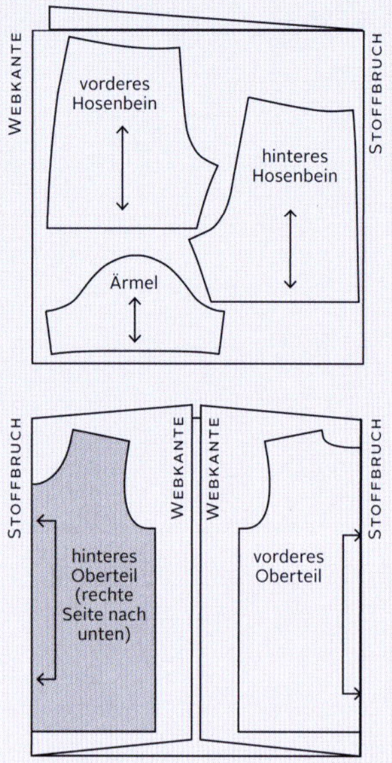

Stoffbreite 150 cm

Größe 7–10

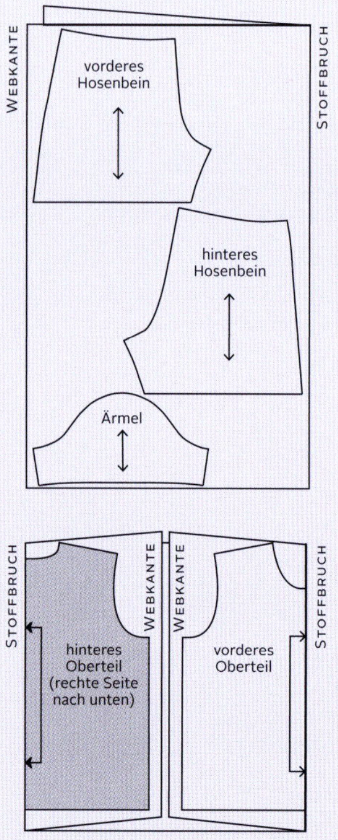

Stoffbreite 115 cm

Größe 1–3

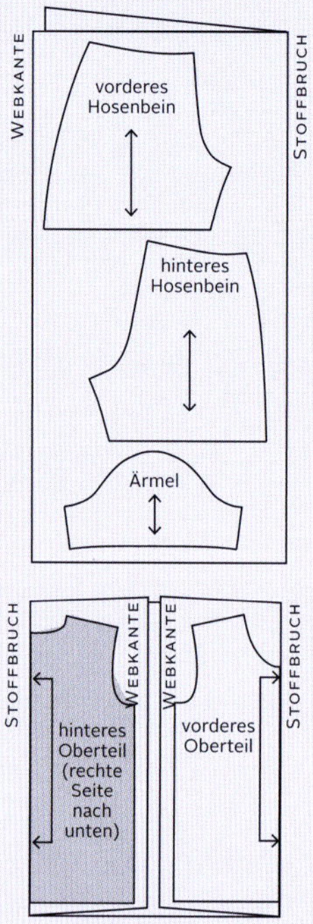

Größe 4–10

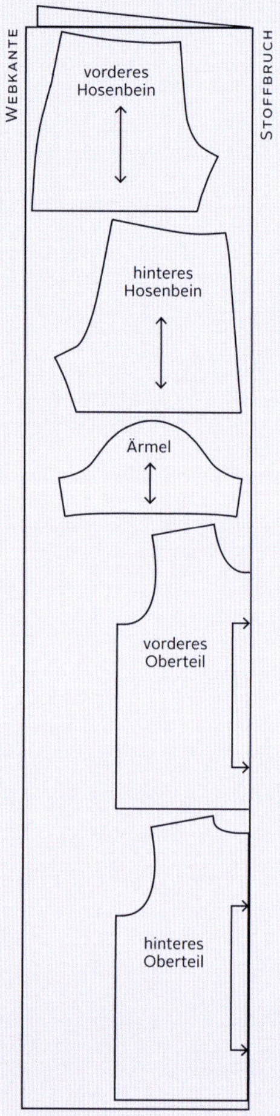

Bündchenstoff

alle Größen

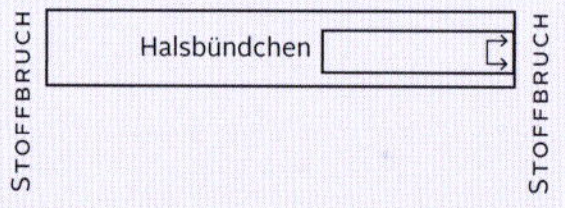

STOFF ZUSCHNEIDEN

1 Den oberen Teil des Pyjamahosenschnitts in der passenden Größe inklusive Markierungen und Pfeil für den Fadenlauf kopieren. Messen Sie Ihre Beininnenlänge bis zu dem Punkt, an dem die Hose enden soll – meine Hosenbeine sind innen 6 cm lang. Für den Saum 3 cm zugeben. Die ermittelte Länge an der Beininnennaht des Schnittteils für das vordere Hosenbein abmessen und markieren. Die Linie für die Beininnennaht leicht nach außen führen, sodass Sie etwa 1 cm neben der neuen Markierung endet. Diesen Punkt mit dem Endpunkt der Schrittnaht verbinden.

2 Die Saumkante rechtwinklig zum Fadenlauf einzeichnen. Sie sollte 2 cm neben der Beinaußennaht enden.

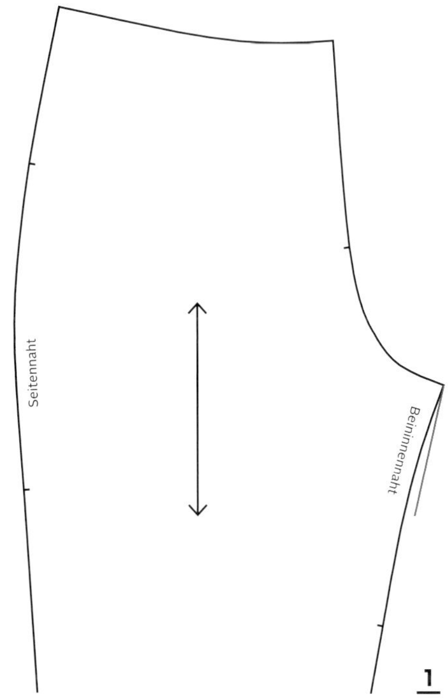

1

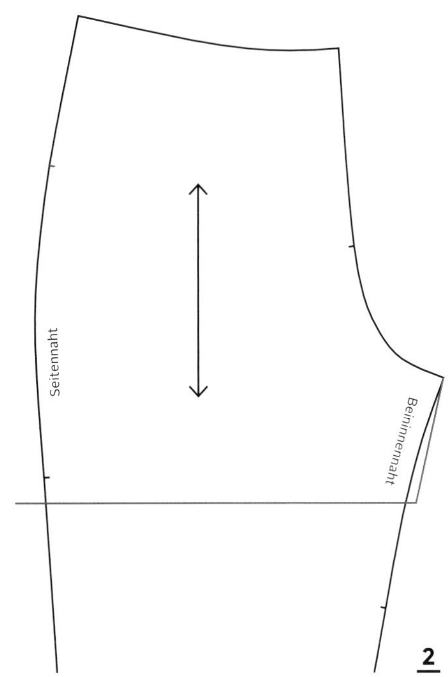

2

3 Eine neue Seitenkante zwischen der oberen Markierung und dem Endpunkt der Saumkante einzeichnen. Dies ist Ihr neues Schnittmuster für das vordere Hosenbein. Das Schnittmuster für das hintere Hosenbein auf dieselbe Weise verändern.

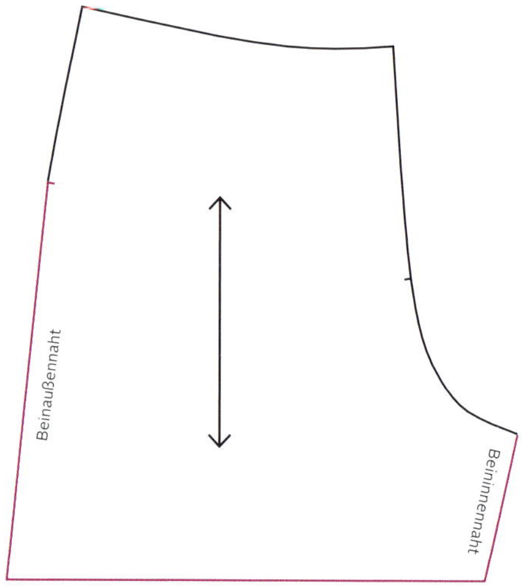

3

4 Die Schnittmusterteile gemäß dem Auflageplan von Seite 162 auflegen und den Stoff zuschneiden. Weitere Infos zum Zuschneiden und Markieren von Stoff finden Sie auf Seite 26–28. Schneiden Sie folgende Teile zu:

- ☐ **Vorderes Hosenbein** – 2x mit dem neuen Schnittmuster zuschneiden
- ☐ **Hinteres Hosenbein** – 2x mit dem neuen Schnittmuster zuschneiden
- ☐ **Vorderes Oberteil** – 1x im Stoffbruch zuschneiden
- ☐ **Hinteres Oberteil** – 1x im Stoffbruch zuschneiden
- ☐ **Ärmel** – 2x bis zur Saumkante des kurzärmligen T-Shirts zuschneiden
- ☐ **Halsbündchen** – 1x aus Bündchenstoff im Stoffbruch zuschneiden

5 Die Shorts gemäß der Anleitung für die Pyjamahose nähen (ohne die Beinbündchen; siehe Schritt 7–14, Seite 153–156). Wenn Sie eine herkömmliche Nähmaschine benutzen, die Saumkanten der Hosenbeine versäubern, 1,5cm nach innen umbügeln und feststecken. 1cm neben der Bügelfalte mit Zickzackstichen (2,5 x 2,5mm) oder einer Zwillingsnadel steppen.

5

6 Das Shirt gemäß der Anleitung für das T-Shirt Tabitha auf Seite 79–83 nähen.

VARIATIONSMÖGLICHKEIT

APPLIZIERTE AUGENLIDER

ZUSÄTZLICHER ZEITBEDARF: 15 MINUTEN

Damit Sie beim Blick in Ihren Kleiderschrank Ihr Schlafshirt gleich als solches erkennen, können Sie es mit applizierten Augenlidern oder einem anderen Motiv Ihrer Wahl schmücken.

MATERIAL

- ☐ Kleiner Rest von dehnungsarmem schwarzem Strickstoff (etwa Jersey, Punto di Roma oder French Terry)
- ☐ Schwarzes Nähgarn
- ☐ Fixiereinlage zum Aufbügeln (z.B. Vliesofix)

1 Kopieren Sie die beiden Lider vom Schnittmusterbogen auf die unbeschichtete Seite der Fixiereinlage, und schneiden Sie ein Rechteck um beide Motive aus. Das Vlies mit der beschichteten Seite nach unten auf die linke Seite des schwarzen Stoffs legen und gemäß den Anweisungen des Herstellers aufbügeln.

2 Die Motive so exakt wie möglich ausschneiden.

3 Das Rückenpapier vom Vlies abziehen. Die Augenlider mit der Vliesseite nach unten an den gewünschten Stellen auf das Pyjamaoberteil legen und gemäß den Anweisungen des Herstellers aufbügeln.

4 Damit die Motive sich beim Waschen nicht ablösen, Lider und Wimpern noch einmal mittig absteppen. Die Nähte sorgfältig mit Rückstichen sichern.

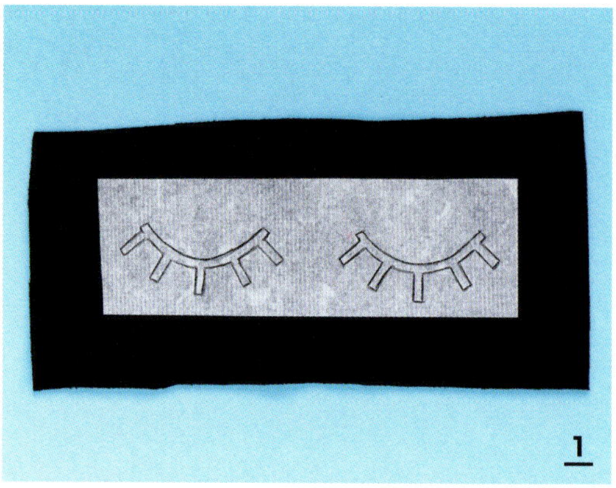

1

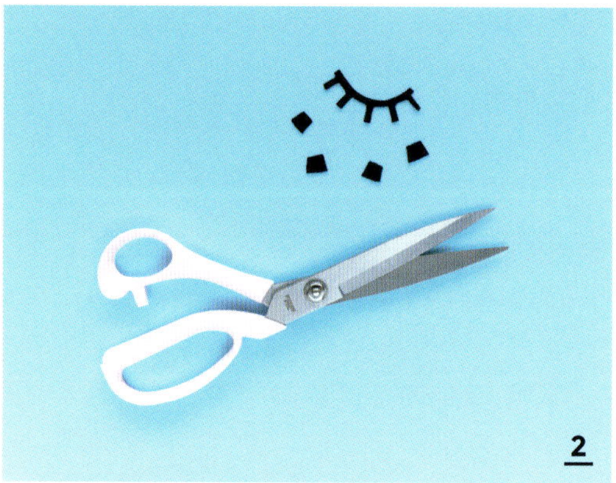

2

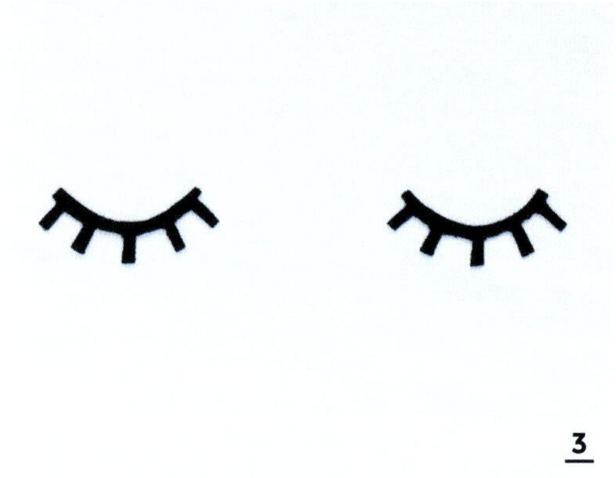

3

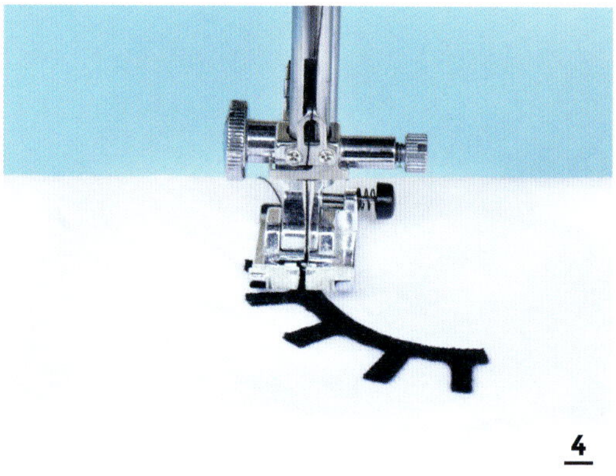

4

VARIATIONSMÖGLICHKEIT

SCHLAFMASKE

ZUSCHNEIDEDAUER: 10 MINUTEN
NÄHZEIT: 25 MINUTEN

Mit dieser supersüßen Schlafmaske werden Sie jeden Langstreckenflug souverän überstehen. Sie ist super schnell fertig, weil das Gummiband nicht verblendet wird. Ich habe mich für ein Gummiband mit Glitzer entschieden, doch Sie können auch Falzgummi verwenden, wie es beim Nähen von Unterwäsche häufig verarbeitet wird. Es ist in vielen hübschen Farben erhältlich und trägt sich angenehm. Die Katzenohren können Sie natürlich weglassen, wenn Sie eine eher klassische Form bevorzugen.

MATERIAL

- ☐ 20 cm Stoff
- ☐ Nähgarn in passender Farbe
- ☐ 20 cm Futterstoff
- ☐ 20 cm Volumenvlies
- ☐ 38 cm 15–25 mm breites Falzgummi oder anderes hübsches Gummiband – etwas mehr oder weniger, wenn Ihr Kopf besonders groß oder klein ist

STOFFEMPFEHLUNGEN

Mittelschwerer Baumwollstoff ist eine gute Wahl. Wenn Sie, wie ich, lieber Jersey verwenden, bügeln Sie zur Stabilisierung eine elastische Einlage auf. Zum Füttern sollten Sie einen Stoff wählen, der angenehm weich auf den Augenlidern liegt, z. B. Satin.

Die Schlafmaske mit einer herkömmlichen Nähmaschine mit Geradstich nähen.

1 Das Schnittmuster für die Schlafmaske vom Schnittmusterbogen kopieren. Die Maske einmal aus Oberstoff, einmal aus Futterstoff und einmal aus Volumenvlies zuschneiden und die Nahtzugaben an den Markierungen einschneiden. Die Außenkanten des Futterstücks rundum 2 mm zurückschneiden – so ist die Naht von außen nicht zu sehen, wenn Sie die Maske tragen. Die Außenkanten des Volumenvlieses rundum 17 mm zurückschneiden. Das Gummiband auf die passende Länge kürzen.

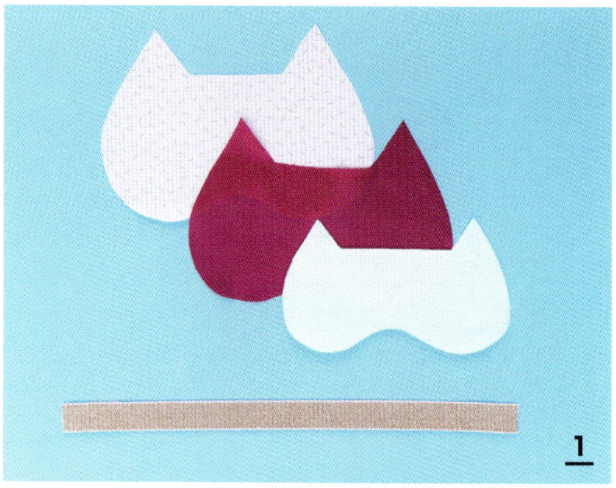

2 Das Gummiband – ohne es zu verdrehen – rechts auf rechts an den Markierungen auf den Oberstoff legen und mit 1 cm Nahtzugabe feststeppen. Die Maske anprobieren und den Sitz überprüfen. Bedenken Sie, dass sie am Ende etwas strammer sitzen wird, weil noch etwa 2 cm Stoffweite wegfallen. Sitzt die Maske zu locker, brauchen Sie nur eine Naht wieder aufzutrennen, sitzt sie zu fest, müssen Sie das Gummiband neu zuschneiden.

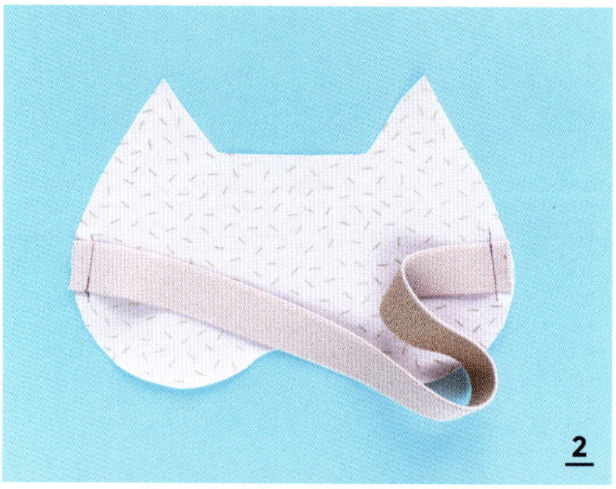

3 Das Futter rechts auf rechts und Markierung auf Markierung auf den Oberstoff stecken. Die Enden des Gummibands dabei zwischenfassen. Da das Futter etwas knapper zugeschnitten ist als der Oberstoff, müssen Sie es beim Stecken der Kanten ein wenig dehnen oder den Oberstoff leicht einhalten. Zwischen den Ohren mit zwei Stecknadeln eine etwa 5 cm breite Öffnung zum Wenden markieren.

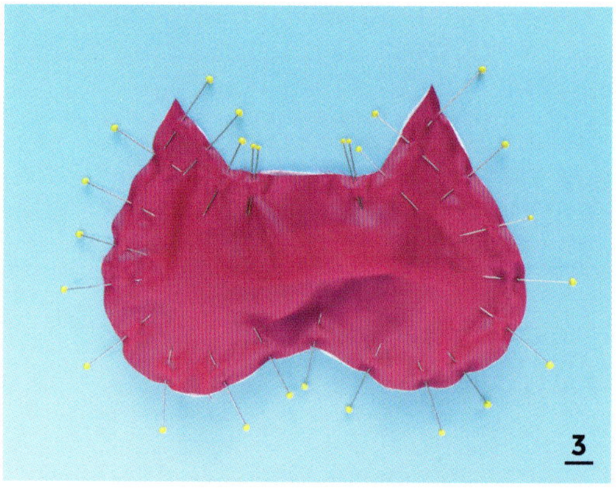

4 Den Oberstoff mit 1,5 cm Nahtzugabe auf das Futter steppen. Zwischen den beiden Stecknadeln oben in der Mitte eine Öffnung zum Wenden lassen. Achten Sie darauf, dass das Gummiband nur an den Enden zwischengefasst, aber nicht versehentlich mit eingenäht wird.

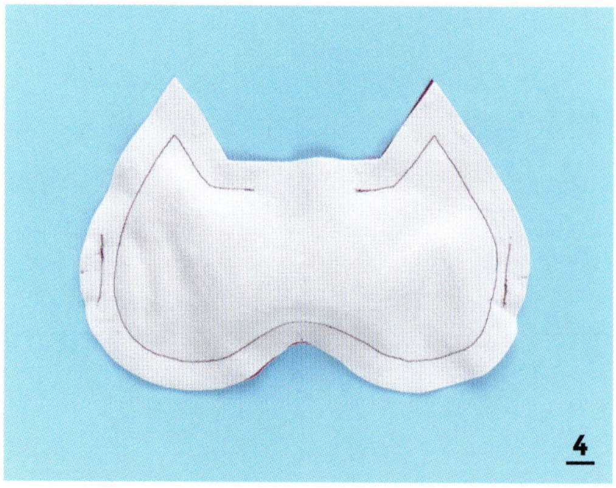

5 Die Nahtzugaben – außer an der Öffnung – um etwa 1 cm zurückschneiden, an den Spitzen der Ohren schräg kappen und an den inneren Rundungen der Ohren einschneiden (siehe Seite 29).

6 Die Maske durch die Öffnung nach rechts wenden. Die Rundungen mit einem Ecken- und Kantenformer oder einem Buttermesser, die Spitzen der Ohren mit einem Ecken- und Kantenformer oder einer Stecknadel herausarbeiten. Die Naht der Maske zum Futterstoff bügeln. Das Volumenvlies durch die Öffnung stecken und glatt streichen. Die Nahtzugaben der Öffnung nach innen bügeln und die Öffnung knappkantig zusteppen (siehe Seite 30).

5

6

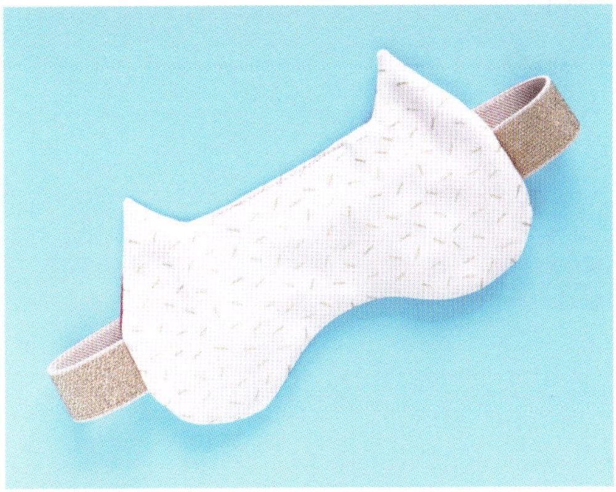

WEITERE IDEEN

- Nähen Sie nach dem Schnitt für die Pyjamahose eine Caprihose mit Wadenbündchen.
- Schmücken Sie Ihre Schlafmaske mit Augenlidern oder einem anderen passenden Motiv.
- Schneidern Sie nach dem Schnittmuster für den Cardigan Bertha (siehe Seite 124) ein Nachtjäckchen aus passendem Jersey.
- Schmücken Sie die Schlafmaske mit Horn und Mähne, sodass sie an ein Einhorn erinnert.
- Nähen Sie sich passend zu Ihrem Pyjama Hausschuhe aus Pelzstoff (furry slipper boots). Ein kostenloses Schnittmuster finden Sie auf tillyandthebuttons.com.

Sofa-freundliche Nähaufgaben

Zehn Dinge, die Sie tun können, wenn Sie zu müde sind, um sich an die Nähmaschine zu setzen:

1 Lassen Sie sich beim Schmökern auf Pinterest zu neuen Nähprojekten inspirieren.

2 Stöbern Sie online nach schönen Stoffen.

3 Schneiden Sie Schnittmusterteile aus.

4 Nähen Sie (Druck-)Knöpfe an.

5 Räumen Sie Ihre Nähbox auf, spitzen Sie Bleistifte, und sortieren Sie Ihre Garnvorräte.

6 Stecken Sie Schnittteile zusammen.

7 Trennen Sie misslungene Nähte auf.

8 Schneiden Sie Fadenenden ab.

9 Schneiden Sie Nahtzugaben zurück.

10 Stellen Sie Fotos von den Kleidungsstücken, die Sie nach Schnitten aus diesem Buch genäht haben, mit den Hashtags #MakeItSimple und #SewingJuno (oder was immer Sie geschneidert haben) unter @TillyButtons auf Instagram.

TRÄGERKLEID OLIVE

ZUSCHNEIDEDAUER: 45 MINUTEN
NÄHZEIT: 2 STUNDEN 45 MINUTEN

Es ist kein Geheimnis, dass ich Trägerkleider liebe, und Olive erinnert ein wenig an den von Mary Quant geprägten Stil der 1960er-Jahre. Es ist schlicht und bequem und lässt sich mit vielen Oberteilen kombinieren – z.B. mit einem hoch geschlossenen Pullover, einer Bluse mit einem hübschen Kragen oder einem T-Shirt.

Ein süßes, kurzes Kleid, das etwas aufwendiger zu nähen ist als die restlichen Projekte aus diesem Buch. Taillenabnäher und ein gerundeter V-Ausschnitt sorgen für eine schmeichelhafte Silhouette, der am Stück angesetzte Beleg zaubert einen sauberen Abschluss und die Nähfrei-Druckknöpfe sind eine praktische Alternative für alle, die sich vor dem Einarbeiten von Knopflöchern fürchten. Juhu!

ZEIGEN SIE UNS IHRE PROJEKTE!

@TillyButtons #SewingOlive #MakeItSimpleBook

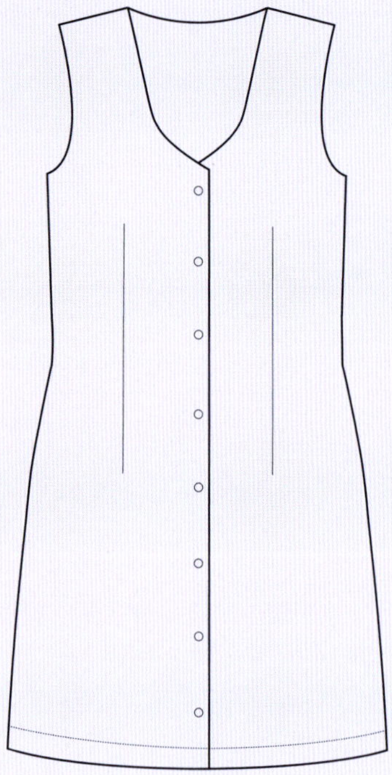

Vorderseite

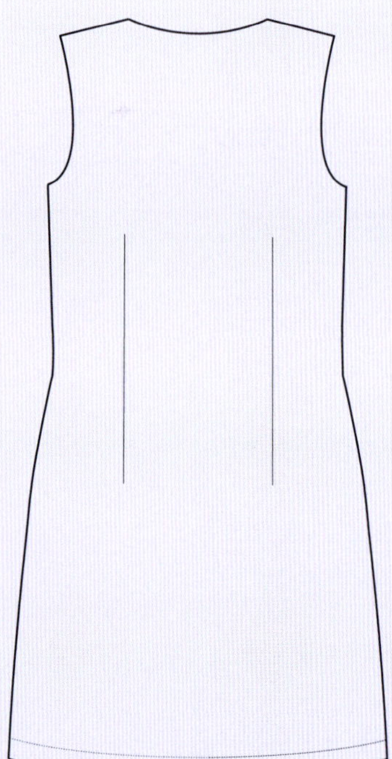

Rückseite

MATERIAL

Größe 1–6:

- ☐ 170 cm Stoff, 150 cm breit, oder 220 cm Stoff, 115 cm breit

Größe 7–10:

- ☐ 200 cm Stoff, 150 cm breit, oder 270 cm Stoff, 115 cm breit

Alle Größen:

- ☐ Nähgarn in passender Farbe
- ☐ 110 cm Einlage (passend zum Stoffgewicht)
- ☐ 8 Nähfrei-Druckknöpfe mit 15 mm Durchmesser (plus Knöpfe zum Üben)
- ☐ Hammer oder Druckknopfzange

STOFFEMPFEHLUNGEN

Mittelschwerer bis schwerer fester Webstoff, etwa Denim, Cord, Baumwoll-Canvas, Drill, afrikanischer gewachster Baumwollstoff oder leichter Wollstoff. Versierte Hobbyschneiderinnen können sich an Samt, Kunstleder oder Wildleder(imitat) versuchen. Wenn Sie einen schweren oder relativ festen Stoff wählen, verwenden Sie Reste eines mittelschweren Baumwollstoffs für die Belege.

NEHMEN SIE SICH ZEIT

Bei diesem Schnitt lohnt es sich, zuerst eine (tragbare) Testversion zu nähen (siehe Seite 34 und 19). So können Sie prüfen, ob die Abnähermitte wirklich in der Taille sitzt. Wenn nicht, verlängern oder kürzen Sie das Schnittmuster, ehe Sie den Stoff zuschneiden (siehe Seite 20–21).

GRÖSSENTABELLE

Körpermaße

GRÖSSE		BRUST-UMFANG	TAILLEN-UMFANG	HÜFT-UMFANG
1	UK 6 US 2 EUR 34	76cm	61cm	84cm
2	UK 8 US 4 EUR 36	81cm	66cm	89cm
3	UK 10 US 6 EUR 38	86,5cm	71cm	94cm
4	UK 12 US 8 EUR 40	91.5cm	76cm	99cm
5	UK 14 US 10 EUR 42	96,5cm	81cm	104cm
6	UK 16 US 12 EUR 44	101,5cm	86,5cm	109cm
7	UK 18 US 14 EUR 46	106,5cm	91,5cm	114cm
8	UK 20 US 16 EUR 48	112cm	96,5cm	119,5cm
9	UK 22 US 18 EUR 50	117cm	101,5cm	124,5cm
10	UK 24 US 20 EUR 52	122cm	106,5cm	129,5cm

Maße des fertigen Kleidungsstücks

GRÖSSE		BRUST-UMFANG	TAILLEN-UMFANG	HÜFT-UMFANG	RÜCKEN-LÄNGE BIS ZUR TAILLE	RÜCKEN-LÄNGE BIS ZUM SAUM
1	UK 6 US 2 EUR 34	88cm	81cm	99cm	39,5cm	87,5cm
2	UK 8 US 4 EUR 36	93cm	86cm	104cm	40cm	88cm
3	UK 10 US 6 EUR 38	98cm	91cm	109cm	40,5cm	88,5cm
4	UK 12 US 8 EUR 40	103cm	96cm	114cm	41cm	89cm
5	UK 14 US 10 EUR 42	108cm	101cm	119cm	41,5cm	89,5cm
6	UK 16 US 12 EUR 44	113cm	106cm	124cm	42cm	90cm
7	UK 18 US 14 EUR 46	118cm	111cm	129cm	42,5cm	90,5cm
8	UK 20 US 16 EUR 48	123cm	116cm	134cm	43cm	91cm
9	UK 22 US 18 EUR 50	128cm	121cm	139cm	43,5cm	91,5cm
10	UK 24 US 20 EUR 52	133cm	126cm	144cm	44cm	92cm

ZUSCHNEIDEN

Schneiden Sie folgende Teile zu:

- ☐ **Vorderteil** – 2x zuschneiden
- ☐ **Rückenteil** – 1x im Stoffbruch zuschneiden
- ☐ **Vorderer Beleg** – 2x aus Stoff und 2x aus Einlage zuschneiden
- ☐ **Hinterer Beleg** – 1x im Stoffbruch aus Stoff und 1x aus Einlage zuschneiden

Die Abnäher auf der linken Seite von Vorderteilen und Rückenteil markieren. Die Position der Druckknöpfe auf der rechten Seite der vorderen Belege markieren. Weitere Infos zum Zuschneiden und Markieren von Stoff finden Sie auf Seite 26–28.

Stoffbreite 150 cm

Größe 1–6

Größe 7–10

Stoffbreite 115 cm

Größe 1–6

Größe 7–10

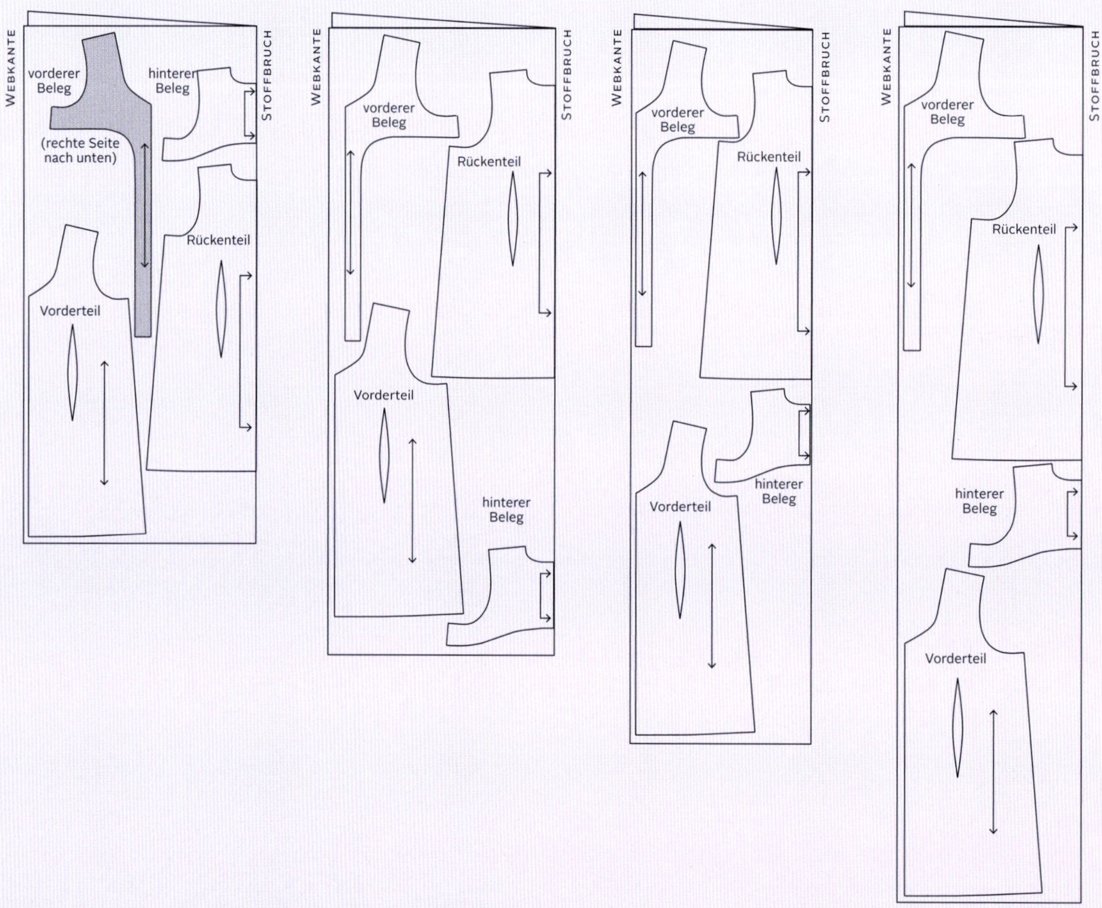

SIND SIE BEREIT? LOS GEHT'S!

Wenn nicht anders angegeben, rechts auf rechts mit 1,5 cm Nahtzugabe nähen.

BELEGE MIT EINLAGE VERSTÄRKEN

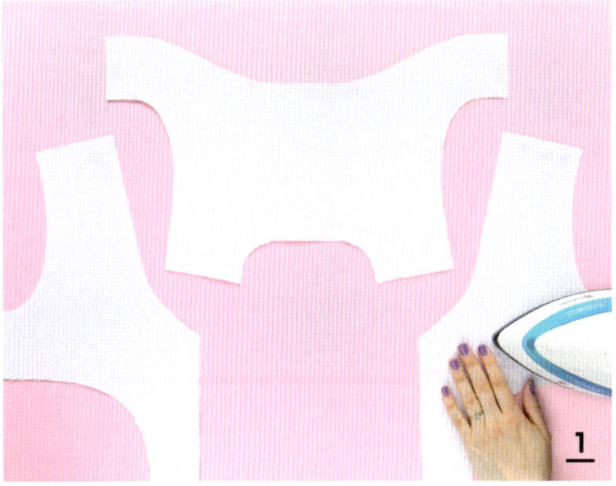

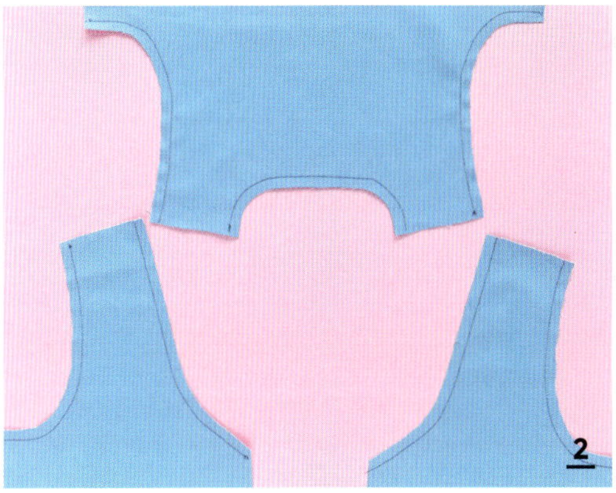

1 Verstärken Sie zunächst die Belege mit Einlage (siehe Seite 31), um den Halsausschnitt und die Kanten zu stabilisieren. Die Einlage mit der beschichteten Seite nach unten auf die linke Stoffseite legen und ohne Dampf aufbügeln. Mit dem Bügeleisen unter Druck langsam mehrfach über die Einlage gleiten.

2 Halsausschnitt und Armausschnitte an Vorderteilen und Rückenteil mit Stütznähten versehen (siehe Seite 34), damit sie sich nicht verziehen: An beiden Vorderteilen mit 1 cm Nahtzugabe von der Schulter bis zum Ende des Ausschnitts steppen. Beim Rückenteil jeweils von der Schulter bis zur hinteren Mitte steppen. Bei allen Teilen von der Schulter bis zum Ende des Armausschnitts steppen.

ABNÄHER STEPPEN

NEHMEN SIE SICH ZEIT

Es empfiehlt sich, Abnäher, Schulter- und Seitennähte zuerst zu stecken oder zu heften (siehe Seite 34), damit Sie das Kleid vor dem Zusammennähen anprobieren können. Stecken Sie die Nähte so, dass Sie sich in dem Kleid wohl fühlen, und berücksichtigen Sie, dass es nach dem Säumen 2,5 cm kürzer und an den Armausschnitten 1,5 cm schmaler sein wird. Lassen Sie sich nicht dazu hinreißen, sich das Kleid buchstäblich zu eng auf den Leib zu schneidern – sooo knapp soll es nicht sitzen.

3

3 Vorderteile und Rückenteil rechts auf rechts falten und die Markierungen für die Abnäher passgenau aufeinanderlegen. Die Abnäher stecken. Anfang und Ende mit quer gesteckten Nadeln kennzeichnen; das erleichtert beim Nähen die Orientierung.

4

4 Die Abnäher steppen – jeweils von der Mitte bis zur Spitze. Hierfür müssen die Schnittteile nach jeder Naht umgedreht werden, wie im Tipp (siehe links) beschrieben.

TIPP

Die Abnäher werden immer von der Mitte zur Spitze genäht. Am einfachsten geht das, wenn die Spitzen der Stecknadeln zur Nähnadel zeigen, so lassen sie sich leicht herausziehen:

- Den unteren Teil des Abnähers mit der Bruchkante nach rechts stecken, die Nadelspitzen zeigen nach oben.
- Das Schnittteil umdrehen, sodass der obere Teil der Bruchkante unten und weiterhin rechts liegt. Den Rest des Abnähers stecken.

Orientieren Sie sich an den Fotos, wenn die Erklärung Ihnen nicht einleuchtet.

TIPP

Sie können die Nahtenden auf schnelle und einfache Weise sichern, indem Sie die Stichlänge zu Beginn und Ende der Naht auf 1 mm verkleinern. Diese Stiche werden nicht aufgehen. Das erspart Ihnen das Rückwärtssteppen, das bei Abnähern immer zu kleinen Beulen führen kann.

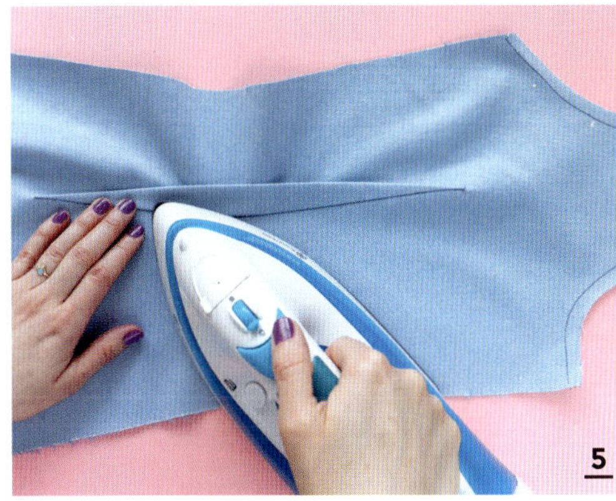

5 Alle Abnäher zur Mitte bügeln.

KLEID ZUSAMMENSETZEN

6 Die Vorderteile rechts auf rechts auf das Rückenteil legen. Schulter- und Seitennähte stecken.

7 Schulter- und Seitennähte steppen und Nahtzugaben zurückschneiden. Die Nahtzugaben der Seitennähte mit Zickzackstichen, einer Overlockmaschine oder Zackenschere versäubern. Die Nahtzugaben der Schulternähte auseinander-, die Nahtzugaben der Seitennähte entweder auseinander- oder zum Rücken bügeln.

TIPP

Die Nahtzugaben der Schulternähte müssen nicht versäubert werden, weil sie später unter dem Beleg verschwinden.

BELEG NÄHEN

8 Die vorderen Belege rechts auf rechts auf den hinteren Beleg legen. Schulter- und Seitennähte stecken und steppen. Die Nahtzugaben zurückschneiden und auseinanderbügeln (sie müssen nicht versäubert werden).

9 Die Unterkante des Belegs mit Zickzackstichen, einer Overlockmaschine oder Zackenschere versäubern.

BELEG AN DEN AUSSCHNITT NÄHEN

10 Den Beleg rechts auf rechts auf das Kleid legen: Schulternaht auf Schulternaht und Markierung auf Markierung. Den Beleg an Ausschnitt und Kanten stecken und feststeppen.

11 Die Nahtzugaben abgestuft zurückschneiden (siehe Seite 31), sodass die Nahtzugabe des Belegs etwas schmaler ist als die des Kleids. Die Nahtzugaben in den Rundungen zwei- oder dreimal bis knapp vor die Naht einschneiden (siehe Seite 29) und an den Ecken diagonal zurückschneiden. Den Beleg und die Nahtzugaben nach außen klappen und den Beleg dicht neben der Naht untersteppen (siehe Seite 35; an den Ecken werden Sie das wahrscheinlich nicht ganz akkurat hinbekommen). Die Naht an beiden Enden mit Rückstichen verriegeln.

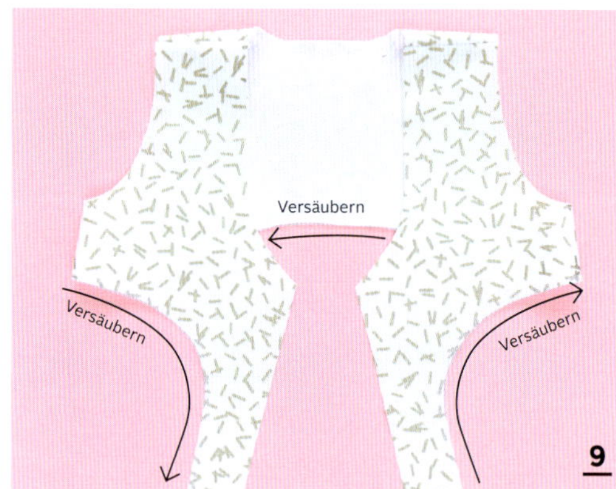

BELEG AN DEN SCHULTERN BEFESTIGEN

NEHMEN SIE SICH ZEIT

Die Herausforderung: Da der einteilige Beleg bereits rechts auf rechts am Halsausschnitt und an den Kanten fixiert ist, ließe er sich nicht mehr wenden, wenn er einfach an den Armausschnitten festgesteppt würde. Dies erfolgt deshalb in zwei Arbeitsschritten. Unter tillyandthebuttons.com/makeitsimple finden Sie ein Video-Tutorial (How to sew an all-in-one facing).

12 Wenden Sie das Kleid auf rechts, sodass der Beleg innen liegt. Am vorderen Teil eines Armausschnitts einen Teil der Nahtzugaben nach links falten. Beide Stofflagen mit einer Hand zusammenhalten.

13 Mit der anderen Hand die Nahtzugaben von innen fassen (Sie können außen jetzt loslassen) und das Kleid mitsamt Beleg auf links wenden. Die Schulternähte von Kleid und Beleg aufeinanderlegen und stecken. Den Beleg zwischen Schulter und Unterarm auf den vorderen Teil des Armausschnitts stecken. Achten Sie darauf, dass die Markierungen passgenau aufeinanderliegen. Der hintere Teil des Armausschnitts bleibt zunächst, wie er ist.

14 Den Beleg an den vorderen Teil des Armausschnitts steppen und die Naht an beiden Enden mit Rückstichen sichern. Lassen Sie sich hierfür Zeit, und pausieren Sie, falls nötig, mit der Nadel im Stoff, um Stoffberge, die im Weg liegen, beiseite zu schieben.

15 Den Beleg auf die gleiche Weise – wie in Schritt 12–14 beschrieben – an den hinteren Teil des Armausschnitts steppen. Am anderen Armausschnitt wiederholen.

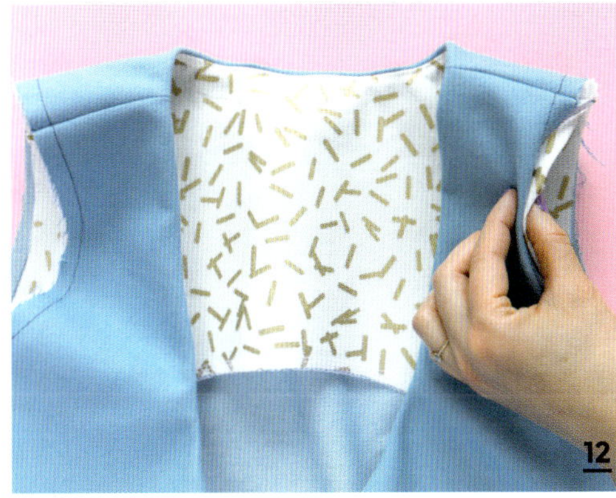

12

13

14

15

16 Die Nahtzugaben abgestuft zurückschneiden und an den Rundungen einschneiden, wenn Sie einen eher schweren Stoff verwenden (siehe Seite 29). Den Beleg an den Armausschnitten so weit wie möglich untersteppen und die Naht an beiden Enden sichern. Sie werden nicht ganz bis zu den Schultern gelangen.

17 Das Kleid auf rechts wenden und die Ecken mit einer Nadel oder einem Ecken- und Kantenformer herausarbeiten. Halsausschnitt, Kanten und Armausschnitte bügeln. Den Beleg dabei leicht nach innen bügeln, damit die Nähte von außen nicht sichtbar sind, wenn Sie das Kleid tragen.

18 Damit der Beleg sich nirgends nach außen schieben kann, wird er an Schultern und Seiten im Nahtschatten (siehe Seite 34) am Oberstoff fixiert. Hierfür Schulter- und Seitennähte von Kleid und Beleg exakt aufeinanderstecken und den Beleg jeweils mit vier oder fünf Stichen in der Nahtrille feststeppen.

16

17

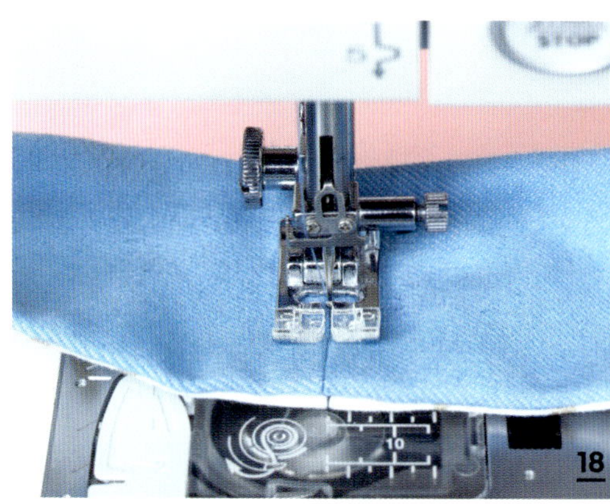
18

DAS KLEID SÄUMEN

NEHMEN SIE SICH ZEIT

Kaum etwas ist ärgerlicher, als ein Kleidungsstück zu nähen, das vorne geknöpft wird, und erst ganz zum Schluss zu merken, dass eine Seite kürzer ist als die andere. Überprüfen Sie in Ruhe, ob die beiden vorderen Kanten tatsächlich gleich lang sind, indem Sie sie akkurat aufeinanderlegen und glattstreichen. Ist die linke Seite ein wenig kürzer als die rechte, spielt das keine Rolle, denn das Kleid wird rechts über links geknöpft. Ist es umgekehrt, müssen Sie die Kanten ausgleichen.

19

20

19 Die Saumkanten mit Zickzackstichen, einer Overlockmaschine oder Zackenschere versäubern. Die Unterkanten des Belegs nach außen klappen, sodass sie rechts auf rechts auf dem Oberstoff liegen, und mit 2,5 cm Nahtzugabe aufsteppen. Die Nahtzugaben des Belegs bis knapp an die Naht zurückschneiden.

20 Die Ecken, die Sie soeben genäht haben, sauber falten – oder diagonal zurückschneiden, wenn Sie einen eher schweren Stoff verwenden –, auf rechts wenden und mit einer Stecknadel oder einem Ecken- und Kantenformer schön herausarbeiten. Den Kleidersaum 2,5 cm nach links umbügeln, feststecken und 2 cm neben der Bügelkante steppen.

DRUCKKNÖPFE ANBRINGEN

21 Die Druckknöpfe anhand der entsprechenden Markierungen auf dem Beleg an den Vorderteilen befestigen: die Oberteile an der rechten Kante (Obertritt) und die Unterteile an der linken Kante (Untertritt). Eine genaue Anleitung finden Sie unten.

Bügeln Sie Ihr Kleid, ziehen Sie es an, und wirbeln Sie damit herum.

ZEIGEN SIE UNS IHRE PROJEKTE!

@TillyButtons

#SewingOlive #MakeItSimpleBook

NÄHFREI-DRUCKKNÖPFE

Nähfrei-Druckknöpfe sind ein modernes und zeitsparendes Accessoire für selbstgenähte Kleidungsstücke. Sie zu befestigen geht viel schneller, als Knopflöcher zu arbeiten und Knöpfe anzunähen. Falls Sie solche Druckknöpfe noch nie benutzt haben, hier ein paar Tipps:

- Jeder Knopf besteht aus vier Einzelteilen – zwei für den Übertritt und zwei für den Untertritt. Kaufen Sie ein Set mit einer guten Gebrauchsanleitung; das erleichtert Ihnen später die Handhabung.
- Es ist ratsam, mehr Knöpfe zu kaufen als benötigt – für den Fall, dass einige sich verbiegen oder kaputtgehen. Mir passiert das ständig.
- Sie können zum Befestigen der Knöpfe einen Hammer verwenden, doch mit einer speziellen Druckknopfzange geht es leichter – und leiser. Druckknopfzangen sind im Schneidereibedarf für wenig Geld erhältlich. Das Knopfset sollte passende Aufsätze für alle Knopfteile enthalten.
- Wenn der zweite Knopf von oben nicht exakt auf der Höhe Ihres maximalen Brustumfangs sitzt, können Sie ihn etwas nach unten verschieben, damit die Öffnung des Kleids an dieser Stelle nicht klafft. Hilft das nichts, nähen Sie zwischen Obertritt und Untertritt versteckt einen weiteren Druckknopf an.
- Üben Sie zuerst an einem doppelt gelegten Stück Stoff mit Beleg, ehe Sie den ersten Knopf an Ihrem Kleid befestigen.
- Wenn Sie es machen wollen wie ich, stechen Sie jeweils ein kleines Loch in den Stoff und setzen die Knopfteile durch das Loch zusammen, bevor Sie die Zange schließen – und zwar sachte, denn Sie sollten zuerst überprüfen, ob der Knopf gerade sitzt. Wenn ja, drücken Sie die Zange kraftvoll und entschlossen zusammen.
- Befestigen Sie zuerst alle Knopfoberteile am Obertritt (auf der rechten Seite des Oberteils). Überprüfen Sie, ob die Markierungen auf dem Untertritt an der richtigen Stelle sitzen, und befestigen die Knopfunterteile.

KURZ UND KNAPP

Wenn nicht anders angegeben, rechts auf rechts mit einer Nahtzugabe von 1,5 cm nähen.

BÜGELN

- ☐ Einlage auf die Belege

STEPPEN

- ☐ Stabilisierungsnaht an Hals- und Armausschnitte von Vorderteilen und Rückenteil

STECKEN

- ☐ Abnäher
- ☐ Schulter- und Seitennähte

STEPPEN

- ☐ Abnäher
- ☐ Schulternähte
- ☐ Seitennähte
- ☐ Schulternähte des Belegs
- ☐ Seitennähte des Belegs

ZURÜCKSCHNEIDEN

- ☐ Nahtzugaben der Schulternähte
- ☐ Nahtzugaben der Seitennähte
- ☐ Nahtzugaben des Belegs an den Schultern
- ☐ Nahtzugaben des Belegs an den Seiten

VERSÄUBERN

- ☐ Nahtzugaben der Seitennähte
- ☐ Unterkante des Belegs; Nahtzugaben der Seitennähte dabei auseinanderdrücken
- ☐ Kleidersaum; Nahtzugaben der Seitennähte dabei auseinanderdrücken

BÜGELN

- ☐ Abnäher des Rückenteils zur Mitte
- ☐ Abnäher der Vorderteile zur Mitte
- ☐ Nahtzugaben der Schulternähte auseinander
- ☐ Nahtzugaben der Seitennähte zum Rücken
- ☐ Nahtzugaben des Belegs an den Schultern auseinander
- ☐ Nahtzugaben des Belegs an den Seiten auseinander

STECKEN

- ☐ Beleg rechts auf rechts an den Halsausschnitt und die Kanten

STEPPEN

- ☐ Beleg rechts auf rechts an den Halsausschnitt und die Kanten

ZURÜCKSCHNEIDEN

- ☐ Nahtzugaben an Halsausschnitt und Kanten; in den Rundungen bis knapp vor die Naht
- ☐ Nahtzugaben an den Ecken schräg kappen

STEPPEN

- □ Den Beleg an die Nahtzugaben von Halsausschnitt und Kanten (so weit wie möglich)

STECKEN

- □ Kleid auf rechts wenden, Beleg und Oberstoff an einem der beiden vorderen Teile des Armausschnitts von innen herausziehen und den vorderen Teil des Armausschnitts stecken

STEPPEN

- □ Beleg an den vorderen Teil des Armausschnitts

Die beiden letzten Schritte beim hinteren Teil des Armausschnitts und in derselben Reihenfolge beim zweiten Armausschnitt wiederholen

ZURÜCKSCHNEIDEN

- □ Nahtzugaben an den Armausschnitten

STEPPEN

- □ Den Beleg an die Nahtzugaben der Armausschnitte (so weit wie möglich)
- □ Den Beleg mit ein paar Stichen im Nahtschatten an die Schulternähte
- □ Den Beleg mit ein paar Stichen im Nahtschatten an die Seitennähte
- □ Die Unterkanten des Belegs mit einer Nahtzugabe von 2,5 cm rechts auf rechts an Ober- und Untertritt

ZURÜCKSCHNEIDEN

- □ Nahtzugabe des aufgesteppten Belegs

BÜGELN

- □ Armausschnitte
- □ Halsausschnitt
- □ Kanten – alle Ecken sauber ausbügeln
- □ Den Saum 2,5 cm nach links

STEPPEN

- □ Den Saum 2 cm neben der Bundkante.

BEFESTIGEN

- □ Druckknöpfe

VARIATIONSMÖGLICHKEIT

AUFGESETZTE TASCHEN

ZUSÄTZLICHER ZEITBEDARF: 1 STUNDE

Wenn Sie ein wenig Zeit übrig haben, nähen Sie diese süßen Taschen auf Ihr Kleid. So erhält es noch mehr Retro-Chic. Nein, *Sie* sind besessen von Taschen …

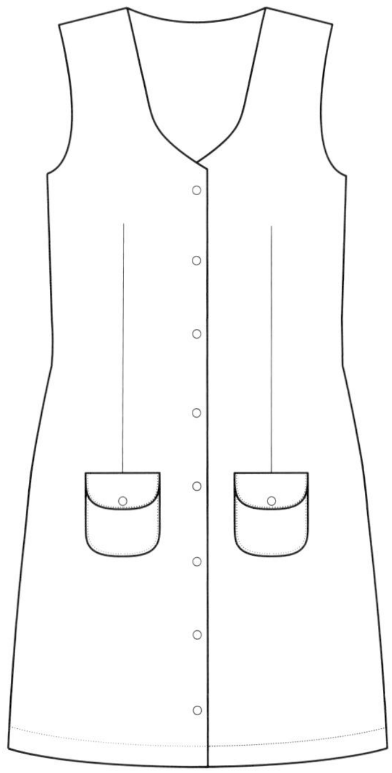

MATERIAL

Alle Materialien, die Sie für den Grundschnitt benötigen (siehe Seite 176), plus:

- □ 40 cm mehr Stoff
- □ 30 cm mittelschwerer gewebter Baumwollstoff für das Taschenfutter
- □ 2 zusätzliche Druckknöpfe

ZUSCHNEIDEN

Schneiden Sie zusätzlich zum Kleid folgende Teile zu:

- □ **Tasche** – 2x aus Stoff und 2x aus Futter zuschneiden
- □ **Taschenklappe** – 4x aus Stoff und 2x aus Einlage zuschneiden

Markieren Sie die Position der Druckknöpfe auf der rechten Seite der Taschen und Taschenklappen. Anschließend die Position von Taschen und Taschenklappen von rechts auf den Vorderteilen des Kleids markieren.

TASCHEN UND TASCHENKLAPPEN VORBEREITEN

1 Die Taschenfutterteile und zwei Taschenklappen an den Seiten und unten um 2 mm zurückschneiden. Die Schnitte an den Ecken auslaufen lassen; sie behalten ihre ursprüngliche Breite. Das Zurückschneiden sorgt dafür, dass die Taschennähte später von außen nicht zu sehen sind. Die Einlage (siehe Seite 31) auf die linke Seite der nicht beschnittenen Taschenklappen bügeln.

1

TASCHEN UND KLAPPEN NÄHEN

2 Die Taschenfutterteile rechts auf rechts so auf die Taschenteile legen, dass die Markierungen aufeinandertreffen, rundum feststecken und steppen. An einer geraden Kante je eine 5 cm lange Öffnung zum Wenden lassen. Die Nahtzugaben an den Ecken schräg, ansonsten abgestuft zurückschneiden; die der Taschen etwas schmaler als die des Futters und an den Rundungen beide bis knapp vor die Naht.

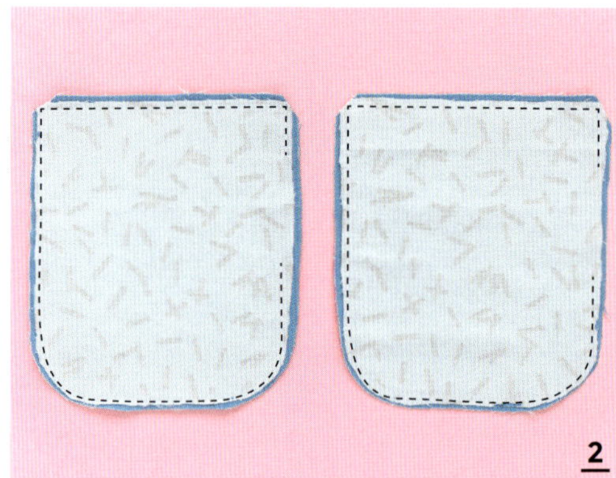
2

3 Die mit Einlage verstärkten Taschenklappen rechts auf rechts und Markierung auf Markierung auf die unverstärkten Taschenklappen stecken und an den Seiten und der Unterkante steppen. Die Nahtzugaben abgestuft zurückschneiden; an den Rundungen bis knapp vor die Naht.

3

4 Taschen und Klappen auf rechts wenden. Die Ecken mit einer Stecknadel oder einer stumpfen Stricknadel, die Rundungen mit einem Ecken- und Kantenformer oder einem Buttermesser herausarbeiten. Die Nähte von Taschen und Klappen (mit etwas Dampf) zum Futter, die Nahtzugaben der Taschenöffnung nach innen bügeln.

4

5 Die Taschenklappen 3mm neben der Nahtkante absteppen (siehe Seite 30). 1cm neben der geraden Kante eine Stabilisierungsnaht (siehe Seite 34) steppen.

TASCHEN UND KLAPPEN AUFNÄHEN

6 Die Taschen mit der Futterseite nach unten an den eingezeichneten Markierungen auf die Vorderteile des Kleids legen, feststecken und 3mm neben der Kante aufsteppen. Die Ecken am Eingriff mit einem Riegel oder Dreieck (siehe Foto) verstärken.

7 Die Taschenklappen mit der linken Seite und den gerundeten Ecken nach oben so auf die Vorderteile legen, dass die Ecken auf die Markierungen treffen. Die Klappen an der geraden Kante aufstecken und mit 1cm Nahtzugabe aufsteppen (hierbei können Sie sich an der Stabilisierungsnaht orientieren).

8 Die Nahtzugaben auf 5mm zurückschneiden. Die Taschenklappen auf die Taschen nach unten umschlagen, bügeln, feststecken und 7mm neben der Oberkante absteppen. Die Oberteile der Knöpfe an den Klappen, die Unterteile an den Taschen befestigen.

5

6

7

8

VARIATIONSMÖGLICHKEIT

RUNDER HALSAUSSCHNITT

ZUSÄTZLICHER ZEITBEDARF: 10 MINUTEN

Hierfür bedarf es nur einer minimalen Veränderung des Schnittmusters.

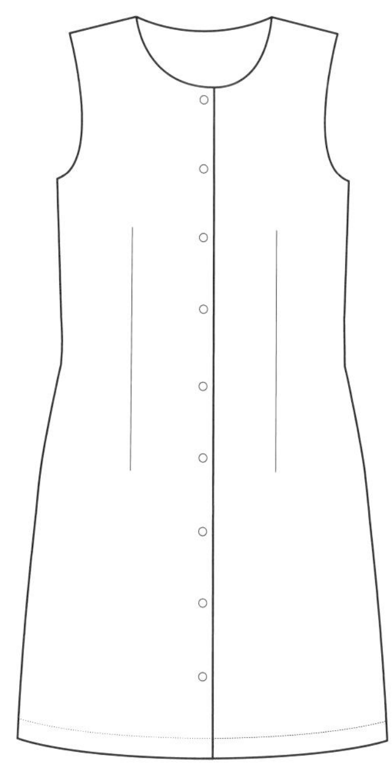

MATERIAL

Alle Materialien, die Sie für den Grundschnitt benötigen (siehe Seite 176), plus:

Größe 7–10 bei einer Stoffbreite von 150 cm:

- □ 10 cm zusätzlich

Alle Größen:

- □ 1 zusätzlicher Druckknopf
- □ Pauspapier, Bleistift und Lineal

ZUSCHNEIDEN

Das Schnittmuster kann auf dem Schnittmusterbogen verändert werden. Von der Ausschnittkante eine gerade, etwa 10 cm lange vertikale Linie nach oben ziehen und vom oberen Ende dieser Linie im rechten Winkel eine 3,5 cm lange Linie Richtung Seitenkante. Das Ende dieser Linie in einem schönen Bogen mit den Schultern verbinden.

Das Schnittmuster für den vorderen Beleg auf Pauspapier kopieren, aber noch nicht ausschneiden. Das Pauspapier auf das veranderte Schnittmuster für das Vorderteil legen und den neuen Ausschnitt auf den Beleg übertragen.

Schnitt ausschneiden, Stoff zuschneiden und das Kleid gemäß der Anleitung für den Grundschnitt (siehe Seite 178–186) nähen.

Den zusätzlichen Druckknopf ganz oben an den Ausschnitt setzen.

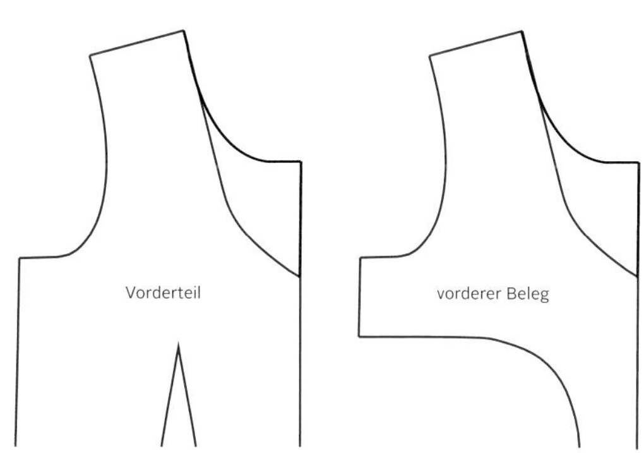

VARIATIONSMÖGLICHKEIT

RÜCKENRIEGEL

ZUSÄTZLICHER ZEITBEDARF: 30 MINUTEN

Dieses niedliche Accessoire ist sehr schmeichelhaft, denn es lenkt den Blick auf den schmalsten Teil Ihres Rückens. Der Riegel ist schnell fertig und wird von Hand auf das fertige Kleid genäht.

MATERIAL

Alle Materialien, die Sie für den Grundschnitt benötigen (siehe Seite 176), plus:

- ☐ 10 cm Stoff
- ☐ 2 Druckknöpfe
- ☐ Handnähnadel

ZUSCHNEIDEN

Außer dem Kleid schneiden Sie zwei Riegel aus Stoff und einen aus Einlage zu. Die Position der Druckknöpfe auf der rechten Seite der Riegel markieren.

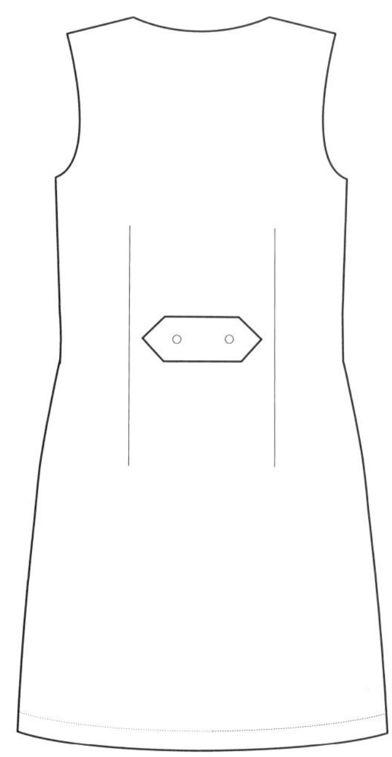

1 Die Einlage (siehe Seite 31) auf die linke Seite eines Stoffteils bügeln. Den Riegel rechts auf rechts stecken und – mit dem verstärkten Teil nach oben – mit 1,5 cm Nahtzugabe zusammensteppen. An einer geraden Seite eine etwa 5 cm breite Öffnung zum Wenden lassen.

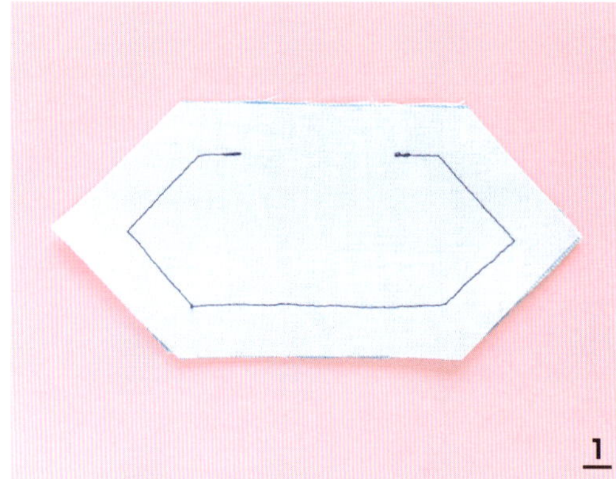

1

NEHMEN SIE SICH ZEIT

Um die Riegelspitzen exakt herauszuarbeiten, markieren Sie nach dem Aufbügeln der Einlage die Punkte, an denen der Stoff beim Nähen gedreht werden muss. Hierfür einfach den Nahtverlauf an den Diagonalen einzeichnen (1,5 cm neben der Kante, siehe rechts). Dort, wo die Linien sich kreuzen, müssen Sie den Riegel unter der Maschine wenden.

NEHMEN SIE SICH ZEIT

2 Die Nahtzugaben zurückschneiden, an den Ecken schräg kappen und auseinanderbügeln, damit die Naht schön liegt. Den Riegel durch die Öffnung auf rechts wenden. Die Naht mit dem Finger oder einem Buttermesser flach streichen und die Ecken mit einer Stecknadel oder einem Ecken- und Kantenformer schön herausarbeiten. Den Riegel bügeln, die Nahtzugaben an der Öffnung nach innen bügeln und feststecken. Dann rundum 3 mm neben der Kante absteppen.

2

3 Die Oberteile der Druckknöpfe so auf dem Riegel befestigen, dass die Kappe auf dem mit Einlage verstärkten Teil des Riegels liegt. Probieren Sie das Kleid an, und stecken Sie den Riegel auf die schmalste Stelle Ihres unteren Rückens (dabei muss Ihnen wahrscheinlich jemand helfen). Das Kleid ausziehen, den Riegel nachjustieren, wenn er nicht gerade sitzt, und von Hand mit ein paar verdeckten Stichen dicht neben den Druckknöpfen annähen.

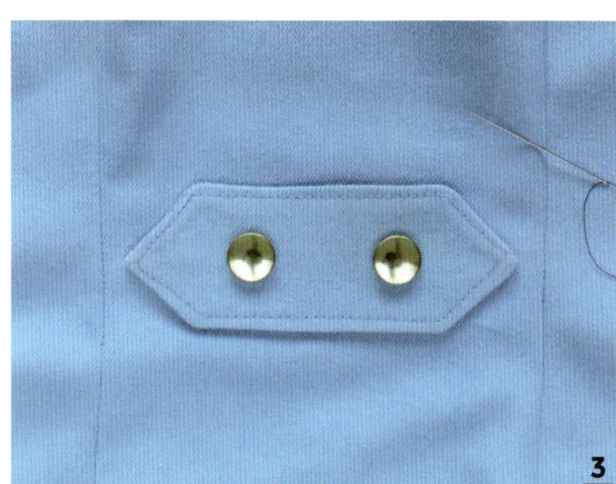

3

WEITERE IDEEN

- Bringen Sie Farbe ins Spiel, indem Sie für den Beleg einen kontrastfarbenen Stoff wählen.
- Fassen Sie die Außenkante des Belegs mit Schrägband ein.
- Steppen Sie auf Brusthöhe eine kleine Klappentasche auf.
- Ersetzen Sie die Druckknöpfe durch richtige Knöpfe und Knopflöcher.
- Bringen Sie statt der Druckknöpfe einen teilbaren Reißverschluss an. Hierfür die Vorderkanten von Vorderteil und vorderem Beleg um 1,5 cm zurückschneiden.

Wie man Komplimente annimmt

Ihre Freundin/Kollegin/die schöne Unbekannte im Bus:

„Wow, was für ein schönes Kleid! Wo hast du das gekauft?"

Ihr altes Ich:

„Äh ..., eigentlich hab ich das irgendwie selbst genäht. Aber der Saum beult sich, und den Stoff habe ich für 3 Euro aus einer Restekiste. Von links ist es eine Katastrophe, mir ist das Nähgarn ausgegangen, und die Kanten sind nicht versäubert."

Reagieren Sie so? Ich schon. Zumindest früher. Inzwischen strenge ich mich wirklich an, Komplimente anzunehmen. Es nicht zu tun, ist unhöflich gegenüber der Person, die Ihnen das Kompliment macht. Wie wäre es daher, erst einmal gar nichts zu sagen und es dann mit einer Antwort wie dieser zu probieren?

Ihre Freundin/Kollegin/die schöne Unbekannte im Bus:

„Wow, was für ein schönes Kleid! Wo hast du das gekauft?"

Ihr neues Ich:

„Danke! Das habe ich selbst genäht."

THE END

Und jetzt?

ZEIGEN SIE UNS IHRE PROJEKTE!

Ich bin so gespannt zu sehen, was Sie aus den Schnitten in diesem Buch gemacht haben! Bitte teilen Sie es auf Instagram mit mir **@TillyButtons** und verwenden Sie die Hashtags **#MakeItSimpleBook** und **#SewingSafiya**, **#SewingTabitha** oder den Hashtag des genähten Schnitts. Suchen Sie nach diesen Hashtags, um Inspiration von anderen Selbermachern zu bekommen und neue kreative Köpfe kennenzulernen.

NOCH MEHR SCHNELLE & EINFACHE SCHNITTE

Kleid Bettine – Tilly and the Buttons (shop.tillyandthebuttons.com)

Latzkleid Cleo – Tilly and the Buttons (shop.tillyandthebuttons.com)

Rock Dominique – Tilly and the Buttons (shop.tillyandthebuttons.com)

T-Shirt Ebony – Closet Core Patterns (closetcorepatterns.com)

Bluse Ella – Sew Over It (sewoverit.co.uk)

Sweatshirt Linden – Grainline Studio (grainlinestudio.com)

Rock Miette – Tilly and the Buttons (shop.tillyandthebuttons.com)

Top Nora – Tilly and the Buttons (shop.tillyandthebuttons.com)

Kleid und Top River – Megan Nielsen (megannielsen.com)

Top und Tunika Stevie – Tilly and the Buttons (shop.tillyandthebuttons.com)

WEITERE BÜCHER

Liebe auf den ersten Stich: Einfach perfekte Kleider nähen
von Tilly Walnes

ISBN 978-3-96093-578-0

19,99 € (D), 20,60 € (A)

Mein erstes Buch führt Sie durch die absoluten Näh-Basics mit der Nähmaschine hin zum Nähen einer wunderschönen Kleiderkollektion aus Webstoffen.

Mix and match! Taschen nähen super easy
von Sabine Komarek
ISBN 978-3-7459-0076-7

15,99 € (D), 16,50 € (A)

Maxikleider und Maxiröcke nähen
von Antje Heuer
ISBN 978-3-96093-726-5

24,99 € (D), 25,70 € (A)

Alles Jersey – Kleider und Shirts – Mix and Match: Schnittteile kombinieren

von Sabrina Kerscher

ISBN 978-3-96093-723-4

16,99 € (D), 17,50 € (A)

Einfach nachhaltig nähen – Kleidung, Nützliches und Schönes – Umweltfreundliche Projekte und praktische Tipps

von Petra Wünsche

ISBN 978-3-96093-721-0

16,99 € (D), 17,50 € (A)

STOFFE & ZUBEHÖR

Finden Sie einige der Stoffe, die in diesem Buch verwendet wurden, und mehr bei diesen tollen Herstellern:

Happy Fabric (happyfabric.co.uk)

Hier finden Sie Bügelfolie und Accessoires, um Ihr T-Shirt Tabitha zu verschönern.

Higgs & Higgs (higgsandhiggs.com)

Jersey, Samt, Musselin und mehr in vielen tollen Farben.

Lamazi Fabrics (lamazifabrics.com)

Dieser familiengeführte Onlineshop bietet eine besondere Auswahl an qualitativen, schön designten Stoffen und Schnitten.

Sister Mintaka (sistermintaka.com)

Unser Team ist ganz verliebt in Sandeeps liebevolles Online-Stofflager.

Tilly and the Buttons (shop.tillyandthebuttons.com)

Hier finden Sie meine eigene Stoffkollektion, die in Zusammenarbeit mit der Craft Cotton Company produziert wurde.

Register

Danke

All den talentierten Menschen, die mir bei der Verwirklichung dieser Buchidee geholfen haben, möchte ich aufrichtig danken. Ihr seid ein Dreamteam.

Großen Dank schulde ich Vanessa Allen für ihre Arbeit an den Schnittmustern und Testversionen und Nikki Hoar für ihre Hilfe beim Erstellen der Schnittmuster und Zeichnungen. Auch unseren Testnäherinnen danke ich für ihr wertvolles Feedback – Alice Irvine, Beth Erwood, Ellie Bramall, Emily Tan, Frances Buddery, Hannah Bowstead, Jenny Lingham-Doe, Karen Jackson, Kate Hughes, Raven Maureen, Rosabella Edgoose, Ruby Biscoe-Taylor, Sarah Cartin, Sophia Palmer, Steph Ing, Susan Young, Suzanne Hopkins und Winnie Longhurst.

Es war mir ein Vergnügen, mit den wundervollen Fotografinnen Jane Looker und Ellie Smith zu arbeiten, und Dank an Clare Nicholson, die bei der Auswahl der Requisiten und beim Styling ihr magisches Händchen bewies, waren die Footoshootings einfach ein Traum. Ich danke unseren großartigen Models Karen Arthur, Kristabel Plummer, Paige Joanna, Phoebe Nickalls und Samantha Waude – ihr wart außergewöhnlich. Dank gebührt auch den anderen tollen Mitgliedern des Fotografinnenteams – Danni Hooker, Charlotte Hartley und Jenny Lingham-Doe.

Ich danke meiner Lektorin Zia Mattocks, meiner Agentin Harriet Moore von David Higham Associates, Harriet Butt, Emily Lapworth, Rebecca Smedley und allen anderen MitarbeiterInnen des Quadrille-Verlags (Hardie Grant), die eine wichtige Rolle bei der Entstehung dieses Buchs gespielt haben. Und dem „Buttons"-Team – Nikki, Kate, Louise, Jenny und Frances – danke ich dafür, dass ihr das Büro so reibungslos am Laufen hieltet und mich mit eurer kreativen Begeisterung und eurem Durchhaltevermögen immer wieder inspiriert habt. Ihr seid das beste Team aller Zeiten.

Meinen beiden großartigen Söhnen James und Jonah danke ich von Herzen, dass sie es mit mir aushalten.

Und schließlich möchte ich noch unserer einmaligen Kunden-Community für ihre Unterstützung danken – und dafür, dass sie uns mit ihrer Nähleidenschaft und Kreativität immer wieder motiviert.

Bleiben Sie dran!

Bibliografische Information der Deutschen Bibliothek.

Die Deutsche Bibliothek verzeichnet diese Publikation in der Deutschen Nationalbibliografie.

Detaillierte bibliografische Daten sind im Internet über http://www.dnb.de/ abrufbar.

EIN BUCH DER EDITION MICHAEL FISCHER

1. Auflage 2021

Erstveröffentlicht bei Quadrille, einem Imprint von Hardie Grant Publishing

Titel der Originalausgabe: Make it simple

Aus dem Englischen übertragen von Jutta Orth, Freiburg

Projektmanagement: Judith Wiedemann

Satz: Anna Obermüller

Printed in China

ISBN 978-3-7459-0096-5

www.emf-verlag.de

MIX
Paper from responsible sources
FSC® C020056